La nuova Prova orale 1

Telis Marin

Materiale per la conversazione e la preparazione agli esami orali

A1 - B1

EDILINGUA

I edizione: giugno 2021 (2ª ristampa)
ISBN: 978-88-31496-84-1

Redazione: Daniele Ciolfi, Anna Gallo

Impaginazione e progetto grafico: Edilingua

Foto: © Shutterstock

Sede legale
Via Giuseppe Lazzati, 185
00166 Roma, Italia
Tel. +39 06 96727307
Fax +39 06 94443138
info@edilingua.it
www.edilingua.it

Deposito e Centro di distribuzione
Via Moroianni, 65 - 12133 Atene
Tel. +30 210 5733900
Fax +30 210 5758903

Telis Marin dopo una laurea in Italianistica ha conseguito il Master Itals (Didattica dell'italiano) presso l'Università Ca' Foscari di Venezia e ha maturato la sua esperienza didattica insegnando presso varie scuole d'italiano. È direttore di Edilingua e autore di diversi testi per l'insegnamento della lingua italiana: *Nuovo* e *Nuovissimo Progetto italiano 1, 2, 3, 4* (Libro dello studente), *Via del Corso A1, A2, B1, B2* (Libro dello studente), *Nuovo Progetto italiano Junior 1, 2, 3* (Libro di classe), *La nuova Prova orale 2, Primo Ascolto, Ascolto Medio, Ascolto Avanzato, Nuovo Vocabolario Visuale, Nuovissimo Progetto italiano Video, Via del Corso Video, Nuovo Progetto italiano Junior Video*. Ha tenuto numerosi workshop sulla didattica in tutto il mondo.

Apprezzeremmo, da parte dei colleghi, eventuali suggerimenti, segnalazioni e commenti sull'opera (da inviare a redazione@edilingua.it)

Premessa

La nuova Prova orale 1, che fa la sua apparizione diversi anni dopo l'ultima edizione, mantiene la stessa filosofia e gli stessi obiettivi: dare agli studenti d'italiano la possibilità e gli spunti per esprimersi liberamente e spontaneamente, sviluppando l'abilità di *produzione orale*; e inoltre, dal momento che spesso uno degli obiettivi dello studente di lingua straniera è il conseguimento di una certificazione, preparare gli studenti d'italiano a superare la prova orale di questi esami.

Struttura del libro, tecniche e materiale

Il volume è diviso nelle seguenti parti:

a. Le unità tematiche costituiscono la parte centrale del libro. Presentano materiale fotografico, testi brevi (dall'unità 20 in poi) e infografiche, coprendo in tal modo le tipologie testuali di vari esami di lingua. Le numerose domande che corredano questo materiale hanno lo scopo di dare a tutti gli studenti la possibilità di esprimersi quanto più possibile, scambiandosi idee tra di loro. L'obiettivo è rinnovare costantemente la discussione, prendendo spunto dal materiale presentato: dopo aver parlato di una foto, si riassume e si commenta un testo, poi si descrive un'infografica, poi altre foto da confrontare, si svolge un'attività, e così via. In tal modo l'interesse degli studenti e il ritmo della discussione si mantengono sempre vivi.

Le **foto** sono state scelte molto attentamente: lo scopo non è presentare immagini belle o perfette, ma interessanti e "vive". Situazioni in cui "succede qualcosa" che gli studenti possono descrivere, commentare e su cui fare ipotesi. Immagini che possono coinvolgere emotivamente e 'attivare' il cervello degli studenti, senza mai urtare la loro sensibilità. In tutto, oltre 150 foto-stimolo che arricchiscono e rinnovano la discussione, presentando quanto possibile la realtà italiana.

Una delle novità di questa edizione è l'introduzione di **testi**, a partire dall'unità 20, da commentare o riassumere. Si tratta di articoli brevi, lettere, mail, pubblicità. Quelli autentici sono adattati o accorciati allo scopo di ridurre eventuali fattori di demotivazione e stimolare e favorire al meglio la discussione. Un'altra novità è rappresentata dalle **infografiche**, presentate già alla fine del livello A1, da descrivere e commentare. Queste, una tipologia di input molto efficace in quanto combina immagini e testi, sono state accuratamente selezionate per questi livelli e, quando necessario, adattate per non sovraccaricare gli studenti. Oltre a fungere da stimoli per la discussione, testi e infografiche forniscono informazioni utili sull'argomento in questione e sulla realtà italiana. Infatti, spesso gli studenti non parlano proprio perché non hanno idee e conoscenze su determinati argomenti.

Le **domande** non sono tutte della stessa difficoltà e "intensità": si parte sempre da domande semplici per arrivare pian piano ad approfondire l'argomento. Il motivo di tale scelta è dovuto al fatto che gli studenti hanno sempre bisogno di un "riscaldamento". Inoltre, di solito, non tutti gli studenti o tutte le classi sono dello stesso livello linguistico. Per questo motivo, sono sempre presenti domande meno complesse da porre ai meno "abili". Attenzione però: se questo diventa la norma, i discenti a cui vengono fatte sempre le domande "facili", potrebbero sentirsi demotivati. Bisogna, dunque, dar loro ogni tanto la possibilità di confrontarsi anche con quesiti più complicati.

Ne *La nuova Prova orale 1*, almeno una delle domande delle maggior parte delle unità è ideata come **attività**: un mini compito creativo, da svolgere a coppie o a gruppi. A volte sono attività ludiche o cooperative, altre ancora delle brevi gare retoriche, adatte al livello degli apprendenti, che hanno lo scopo di motivare gli studenti e variare la lezione.

Oltre alle domande e alle attività, per ogni argomento è prevista una **situazione**: un *role play*, spesso con caratteristiche di *problem solving*, che fornisce agli studenti le informazioni necessarie per portare a termine il compito.

Per ogni argomento viene presentato, nella stessa pagina delle domande, il **Lessico utile**. Si è cercato di dare ogni volta sia le parole che faciliteranno la discussione sia alcune parole chiave dei testi, perché uno degli obiettivi del libro è portare gli studenti ad una certa autonomia: devono poter capire dal contesto anche quando ci saranno parole sconosciute (e ce ne saranno sempre). Il lessico utile funge, quindi, più da spunto per il confronto che da glossario. Che queste parole facciano parte del vocabolario passivo o attivo degli studenti, lo scopo è averle sempre davanti per facilitare l'espressione libera, soprattutto nei momenti in cui ci si blocca perché manca una parola chiave.

b. I giochi sono brevi gare ludiche a coppie o a gruppi. L'obiettivo è raccogliere più punti dell'avversario e ovviamente fare un ripasso veloce e divertente delle unità viste (lessico, idee, punti). Come ci insegna la teoria della curva dell'oblio, ripassi attivi a intervalli regolari di tempo possono migliorare significativamente il tasso di memorizzazione.

c. Il glossario italiano-italiano a fine volume, e plurilingue online, ha lo scopo di facilitare la preparazione della lezione da parte dei docenti, per i quali dover spiegare tutte le parole nuove è un compito che richiederebbe molto tempo. Gli studenti, dunque, possono consultare autonomamente il glossario ogni qualvolta ne avranno bisogno. Si è cercato di spiegare in modo semplice e contestualizzato tutte le parole e le espressioni, anche quando queste si ripetono più di una volta in quanto non è obbligatorio affrontare le unità tematiche seguendone la progressione.

Quando usare *La nuova Prova orale 1*

Il libro presenta una grande quantità e varietà di stimoli alla discussione. Questo significa che fornisce materiale sufficiente per oltre un anno scolastico. *La nuova Prova orale 1* si potrebbe adottare in classi che sono all'inizio del livello A1 ed essere usata fino al livello B1. Può, comunque, essere inserita in curricoli scolastici diversi e in qualsiasi periodo del curricolo stesso. Ogni *unità tematica* può fornire da 30 a 60 minuti di conversazione, a seconda del livello, di quanti studenti rispondono ad ogni domanda, di quanto discutono tra di loro, ecc.

Suggerimenti e idee per un miglior uso del libro / Riflessioni sulla produzione orale

Fateli parlare! La conversazione è probabilmente una delle abilità dell'apprendimento linguistico più difficile e delicata: lo studente è chiamato a comunicare, a farsi capire in una lingua straniera. L'insegnante, dovendo aiutare lo studente a superare ostacoli pratici e psicologici, ha bisogno di molte energie. Studenti timidi, deboli, senza la necessaria fiducia in se stessi (colpa forse anche nostra), hanno costantemente bisogno di essere motivati. Dunque, disporre di materiale didattico appropriato è importantissimo, ma altrettanto importante è l'abilità del professore nell'animare e guidare la discussione:

- *selezionando, riformulando e arricchendo le domande* in modo da renderle più adeguate ai propri studenti quando non lo sono;
- *stando fisicamente vicino agli studenti*, diminuendo così le distanze psicologiche. L'insegnante deve "trasmettere" la sua energia e creare un'atmosfera amichevole, adatta a una discussione informale, cosa che non si può fare *ex cathedra*;
- *incoraggiando continuamente la partecipazione*, i commenti e gli interventi di tutti, facendo capire che ogni singola domanda può e deve dare avvio a scambi di idee. D'altra parte è importante che il parlante abbia il tempo necessario per organizzare e concludere il suo pensiero, senza sentirsi pressato dai compagni o dall'insegnante, il quale è bene che sostenga e motivi lo studente attraverso il linguaggio del corpo.

La scelta dell'argomento su cui discutere è molto importante. Nel libro le unità tematiche vengono presentate secondo un ordine determinato, con difficoltà progressiva. L'argomento di una discussione, però, deve anzitutto piacere ai parlanti, suscitare il loro interesse. Quindi, se vi rendete conto che il tema che avete scelto non entusiasma i vostri alunni, non insistete; lasciate che ogni tanto scelgano loro quello di cui preferiscono discutere. D'altra parte, però, se si preparano ad un esame orale, sarà utile per loro poter parlare anche di argomenti che non sono tra i loro preferiti.

Viva l'errore! La correzione degli errori è un argomento assai discusso che spesso crea problemi. 'Sbagliando s'impara' esprime lo spirito nel quale si dovrebbe svolgere l'intera lezione e, soprattutto, la conversazione. Uno dei motivi per cui gli studenti non parlano è la nostra esagerazione nel correggerli e ciò fa innalzare il filtro affettivo: non parlano perché hanno paura dell'errore. E quando lo studente vuole, o deve parlare fuori dalla classe, spesso, nonostante la pressione psicologica sia minore, avverte lo stesso disagio.

Molti insegnanti hanno la tendenza a insistere troppo sulla precisione, senza tener conto che l'accuratezza è solo uno degli aspetti della produzione orale; altrettanto importante è l'abilità di farsi capire in diversi contesti, in altri termini di poter comunicare. E più lo studente parla e più impara a parlare bene. Secondo le istruzioni date agli esaminatori orali dei vari esami di lingua, nel corso di una prova orale non si dovrebbe intervenire in caso di errore e si dovrebbe evitare anche qualsiasi osservazione sull'andamento dell'esame, positivo o negativo che sia. Anche se questo riguarda la *fase di controllo*, la nostra filosofia durante la *fase di apprendimento* non dovrebbe essere molto diversa. La soluzione - se possiamo chiamarla così - si trova a metà strada: quello che si può fare è 'monitorare' gli errori commessi più frequentemente allo scopo di revisionarli al momento opportuno, senza però personificarli. Oppure, in caso di errore, ripetere passivamente la forma giusta, cercando di non interrompere il parlante. In questo modo lo studente non si blocca e i compagni si rendono conto dell'errore commesso. Così diventa più chiaro che l'errore è una cosa naturale, perdonabile e utile: un'opportunità per migliorarsi.

Telis Marin

Indice

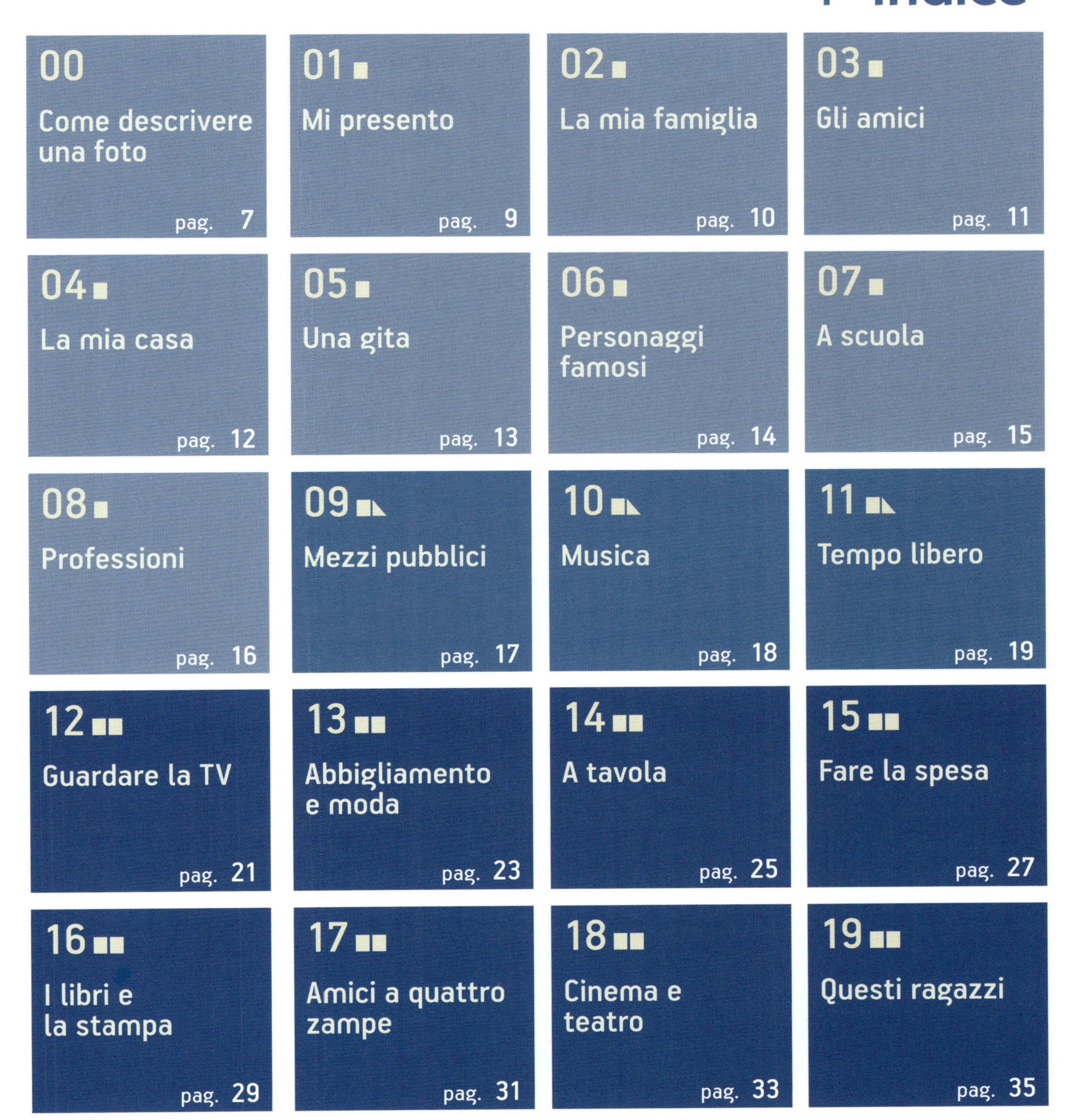

Per capire l'indice

■ *Livello simile alle prove orali del CELI Impatto, del CILS A1 e del PLIDA A1.*

■■ *Livello simile alle prove orali del CELI 1, del CILS A2 e del PLIDA A2.*

Le unità tematiche come per esempio ***Mezzi pubblici*** *(■◣) possono essere utilizzate sia a livello A1 sia a livello A2.*

Per capire l'indice

Livello simile alle prove orali del CELI 2, del CILS Uno-B1 e del PLIDA B1.
Le unità tematiche come per esempio ***Bellezza, che fatica!*** *( ) possono essere utilizzate sia a livello A2 sia a livello B1.*

Come descrivere e commentare una foto

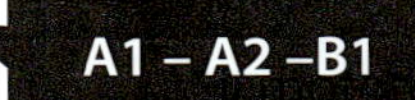

A2 – B1

Altre espressioni utili:

nella foto blu vediamo... / a destra c'è... / la persona a sinistra...
si trovano in... / probabilmente sta... / tutti e due...
dietro a... / accanto a... / davanti a... / in basso... / in alto...

1 | Mi presento

Lessico utile

Sono...	**Ho i capelli...**
alto ≠ basso	ricci ≠ lisci ≠ mossi
magro ≠ robusto	corti ≠ lunghi
giovane ≠ vecchio	biondi, castani, neri, rossi
bello ≠ brutto	

	Ho gli occhi...
sono un po'... / molto...	azzurri, celesti, castani, neri, verdi
lavoro / vado a scuola/all'università / studio / cerco lavoro	chiari ≠ scuri
	porto gli occhiali / le lenti

Mi chiamo Luca e sono di Roma. Ho 25 anni e vado all'università. Sono alto, ho i capelli corti, castani e porto gli occhiali.

Sono Sara e sono di Milano. Ho 18 anni e vado a scuola. Ho i capelli rossi, lisci e lunghi. Ho gli occhi chiari.

Mi chiamo Anna e sono francese. Ho 40 anni e lavoro. Non sono molto alta e sono magra. Ho i capelli castani e mossi.

1. E tu, come ti chiami?
2. Quanti anni hai?
3. Di dove sei?
4. Lavori o studi?
5. Come sei?

2 La mia famiglia

Lessico utile

mio padre
mia madre
mio fratello
mia sorella
i miei genitori

mio nonno
mia nonna
i miei nonni
mio/mia figlio/a
i miei nipoti
mio/a cugino/a
mio marito

mia moglie
il/la mio/mia partner
il mio compagno
la mia compagna
sposato/a
single
fidanzato/a

impegnato/a
giovane
anziano
felice
grande
piccolo
adulto

la mia famiglia è composta da...
è più grande ≠ piccolo di me
stiamo insieme / siamo sposati da...

sono molto legato a...
amo molto
vado d'accordo ≠ non vado d'accordo con...

1. Descrivi la foto. Chi sono queste persone, secondo te?
2. Parla della tua famiglia: da quante persone è composta?
3. Descrivi i tuoi genitori.
4. Hai fratelli o sorelle? Come si chiamano e quanti anni hanno?
5. Descrivi a un compagno un fratello o una sorella oppure un/una cugino/a. Che cosa fanno? Poi il compagno fa lo stesso.
6. Che rapporto hai con i tuoi genitori e con i tuoi fratelli? Descrivilo.

Lessico utile

estate
il mare
occhiali da sole
borsa
barca
il mio migliore amico
la mia migliore amica
i miei amici
le mie amiche
l'amico/a del cuore
brava persona
spesso ≠ una volta alla settimana
il/nel fine settimana
il sabato sera
uscire
parlare
discutere
viaggiare
gita
inverno
andare in vacanza
interessi / passioni / gusti
abbracciarsi
ridere
un gruppo / una compagnia di amici

è una persona:
simpatica, allegra, gentile, aperta ≠ chiusa

siamo amici da...

è una persona:
intelligente, divertente, interessante, sincera

1. Descrivi le foto.
2. Presenta a un compagno un tuo caro amico (o amica): come si chiama, quanti anni ha, che cosa fa, ecc. Poi il compagno fa lo stesso.
3. Descrivi il carattere di un tuo amico.
4. Incontri spesso i tuoi amici? Quando e dove?
5. Tu e i tuoi amici avete gli stessi interessi?
6. Preferisci stare solo con un amico/un'amica o in compagnia di più persone?
7. Quanti amici veri hai e quanti sui social media?

4 La mia casa

Lessico utile

camera	studio
stanza	scrivania
palazzo	libreria
edificio	pianta
soggiorno	piano
divano	grande
cuscino	bagno
tavolino	appartamento
camino	piccolo
quadro	camera da letto
moderno	finestra
con molta / poca luce	poltrona
	tappeto
	lampada
	comodino
	cucina

abito in Via/Piazza...

in centro ≠ in periferia

la casa dei miei sogni ha...

al primo / al secondo / al terzo piano

al piano terra / all'ultimo piano

nella mia camera c'è/ci sono...

1. Descrivi in breve le foto. Che cosa c'è nel soggiorno, nella camera da letto e nello studio?
2. Discutete in coppia: dove abitate? In quale zona della città?
3. Abiti in una casa o in un appartamento? Se è un appartamento, a quale piano è?
4. Discutete in coppia: dite una cosa che vi piace della vostra casa e una che non vi piace.
5. Fai ora una descrizione della tua camera: com'è, quali mobili ci sono, ecc.
6. Di solito, in quale stanza della casa passi più tempo e perché?
7. Descrivi a un compagno la casa dei tuoi sogni: dove si trova e com'è? Poi il compagno fa lo stesso.

5 Una gita

Lessico utile

al mare	in autunno	il verde
sulla spiaggia	in inverno	il fine settimana
in primavera	zaino	al lago
in estate	alberi	in campagna
sabbia	foglie	prato
	camminare	cielo
	in montagna	nuvola
fare una gita	*fare un picnic*	*è/fa bel tempo...*
respirare aria pulita	*c'è molta gente...*	*è una bella giornata...*
andare in macchina	*fa molto caldo...*	*c'è il sole*

1. Descrivi la foto blu. Che tempo fa? In quale stagione siamo?
2. Descrivi la foto rossa. Che differenze ci sono con la prima foto?
3. Che cosa preferisci fare nel fine settimana? Organizzare un gita, rimanere a casa o fare un giro in città? Scambiatevi idee.
4. Discuti con un compagno. Fai spesso delle gite? Dove preferisci andare e con chi?
5. Descrivi un luogo che hai visitato in una breve gita.
6. Meglio una gita al mare, in montagna, in un'altra città/paesino, in un luogo turistico, con poche o con molte persone? Scambiatevi idee.
7. Volete fare una gita: a quali dettagli bisogna stare attenti?

6 Personaggi famosi

Lessico utile

famoso
conosciuto
successo
attore / attrice

film
libro
il/la protagonista
comico
commedia
il calciatore
opera

teatro
cantare → il/la cantante
modello/a
politico/a
scrittore / scrittrice
carriera
mestieri

il … più famoso al mondo è… | *mi piace molto / di più…* | *è molto bravo* | *la sua vita privata…* | *è uno dei/una delle migliori*

1. Osservate le foto e decidete tutti insieme: chi è oggi il personaggio internazionale più famoso al mondo per ognuno di questi mestieri? Scrivete sotto ogni foto il nome del personaggio più votato.
2. Fai una breve descrizione di queste persone: quanti anni hanno, di dove sono?
3. Che cosa sai della loro carriera? Quali sono i loro successi?
4. Discutete in coppia: che cosa sai della vita privata di queste persone? Poi riferisci alla classe l'informazione che secondo te è più interessante.
5. Qual è per te il personaggio più simpatico e perché?
6. C'è qualcuno che trovi antipatico e perché? Scambiatevi idee.
7. Giocate in coppia. Ognuno pensa a un personaggio internazionale famoso, di oggi o del passato (ma non quelli sopra). Il compagno ha dieci domande per scoprire chi è. Vince chi scopre il personaggio dell'avversario con meno domande. Attenzione: le risposte possono essere solo "sì/no".
8. Presenta e descrivi alla classe il tuo personaggio e spiega perché per te è importante e simpatico/a.

7 A scuola

Lessico utile

il professore / la professoressa
alunno/a
studente / studentessa
aula / la classe
lavagna
banco
maestro/a / insegnante

severo/a
interrogare
errore
attenti
contenti / felici
sorridere
bravo/a
liceo
scuola elementare / media / superiore

studiare / imparare
compiti / compiti per casa
greco antico
matematica
geografia
storia
fisica
ginnastica
latino
materie scolastiche

frequento la scuola...
faccio la prima liceo
le mie materie preferite sono...
sono molto bravo/a in...

invece non sono bravo in...
fare i compiti
prendere un voto alto
≠ basso

1. Descrivi la foto blu.
2. Ora confronta la foto rossa con la foto blu.
3. (Se vai ancora a scuola) Che scuola frequenti? Quale classe fai?
4. Discutete in coppia. Quali sono le tue materie preferite? Quali sono quelle più interessanti e utili secondo te?
5. Quali materie invece non ti piacciono? Perché?
6. Chi sono o sono stati i tuoi insegnanti preferiti e perché?
7. Quali sono i momenti più belli della scuola? Scambiatevi idee.
8. Hai dei contatti con i vecchi compagni di scuola? Con quanti e quanto spesso? Parlatene.

8 Professioni

Lessico utile

programmatore
allenatore
idraulico
insegnante / professore
commesso
architetto

medico
scienziato
impiegato
contadino
denti > dentista
guadagnare
stipendio
facile
computer
disegnare > disegno

talento ≠ esperienza ≠ studi
pagare
la lezione
il cliente
laboratorio
orario
difficile
interessante
ufficio

studio
curare
cucina
terra
natura
esercizi
faticoso
pesante
noioso
negozio

lavoro in un negozio…
sono dentista / faccio il…

da grande voglio fare…
lavoro da casa / in ufficio / all'aria aperta

lo stipendio è alto / basso
cerco lavoro come…

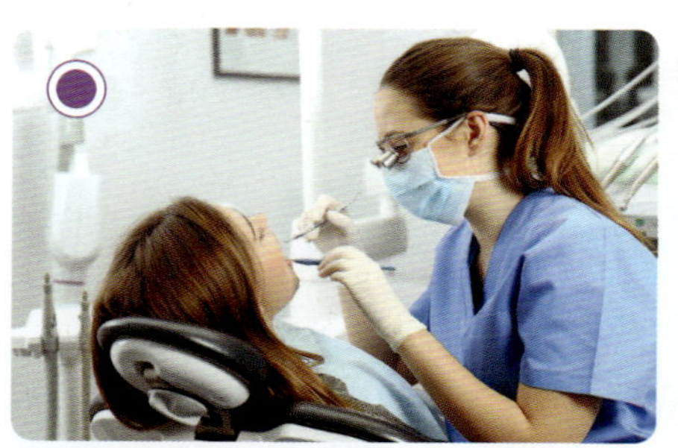

1. Quale di queste professioni ti sembra più interessante? Perché?
2. Quale professione ti sembra più difficile e perché?
3. Discutete in coppia. Descrivi il tuo lavoro (o il lavoro che vuoi fare). Poi riferisci alla classe le informazioni ricevute dal compagno.

4. Cosa ti piace del tuo lavoro e cosa no? Scambiatevi idee.
5. Parla di altre professioni che conosci grazie a parenti o amici.
6. Quali caratteristiche ha il lavoro 'ideale', secondo te? Scambiatevi idee.
7. Per quali professioni sono più importanti e utili gli studi e per quali il talento o l'esperienza?

9 Mezzi pubblici

Lessico utile

l'autobus	veloce ≠ lento
fermata	economico ≠ caro
biglietto	comodo
abbonamento	aspettare
il tram	mezzi pubblici
la metro	pieno di gente ≠ vuoto
la stazione	corsa
in orario ≠ in ritardo	fila/coda
	sciopero
	traffico

stare in piedi ≠ seduto/a
prendere l'autobus ≠ andare a piedi
non mi piace stare in piedi
salire sull' ≠ scendere dall'autobus
la fermata è vicino a casa mia

1. Descrivi la foto blu.
2. Usi spesso l'autobus? Perché? Se sì, dove vai di solito?
3. Descrivi la foto verde e quella gialla: quali altri mezzi pubblici ci sono nella tua città? Tu quale usi più spesso e perché?
4. Discutete in coppia. Riferite un vantaggio di ciascuno di questi mezzi. Poi scambiatevi idee con le altre coppie.
5. Quanto costa il biglietto di questi mezzi? È caro, secondo te?
6. I mezzi pubblici sono di solito in orario o bisogna aspettare molto? Scambiatevi idee.
7. Osserva e descrivi in breve la foto rossa: è un'immagine che vedi spesso nella tua città?
8. Discutete in coppia. I vostri amici e parenti usano di più i mezzi pubblici, l'auto privata o altro? Poi riferisci alla classe le informazioni ricevute dal compagno.

10 Musica

Lessico utile

rock
classica
pop
jazz
rap

tecno
lirica
opera
le cuffie
piattaforma di streaming
il lettore mp3
la canzone

il/la cantante
la radio
gruppo / band rock
orchestra
banda
concerto
musica dal vivo

palco
pubblico
strumento musicale
chitarra
il pianoforte
violino
basso

mi piace ascoltare...
preferisco la musica...

so suonare il/la...
ha una voce molto bella...

1. Discutete in coppia. Quali generi di musica preferite?
2. Descrivi la foto rossa, quella gialla e quella blu.
3. Come ti piace ascoltare la musica? Scegli l'immagine che ti rappresenta meglio. Perché?
4. Usi o hai mai usato qualche piattaforma per ascoltare la musica? Quanto spendi al mese?
5. Quanto tempo al giorno ascolti la musica? In quali momenti della giornata e perché?
6. Quali sono i tuoi artisti preferiti? Scambiatevi idee: quali sono gli artisti preferiti della classe?
7. Descrivi la foto grigia.
8. Discutete in coppia. Sei mai stato a un concerto? Dove, quando, di quale artista? Alla fine, riferisci alla classe le informazioni ricevute dal compagno.
9. Chi di voi suona qualche strumento musicale? Che musica suona?
10. Cosa sai della musica italiana? Ci sono cantanti o canzoni che ti piacciono? E cosa pensi dell'opera italiana? Scambiatevi informazioni.

11 Tempo libero

Lessico utile

passatempo / hobby
interesse > interessante
leggere
rilassarsi a casa
stare sui social network
navigare su internet
noioso
divertente > divertimento
piacevole
fare sport
passeggiare
uscire
giocare a carte
giocare con i videogiochi / giochi di società
guardare la tv
andare a teatro / al cinema

---

passare / trascorrere il tempo
ho troppi impegni / troppo lavoro
ho molto da fare

1. Descrivi la foto gialla e quella rossa.
2. Hai tempo libero? Quando di solito?
3. Se non ne hai abbastanza, quali sono i motivi? Scambiatevi idee.
4. Descrivi la foto blu. Poi discutete in coppia: quanto tempo dedicate, al giorno o alla settimana, a ciascuna delle attività in foto? Poi confrontatevi con le altre coppie.
5. In che altro modo preferisci trascorrere le ore libere della giornata o del fine settimana?
6. Descrivi le quattro foto di pag. 20.

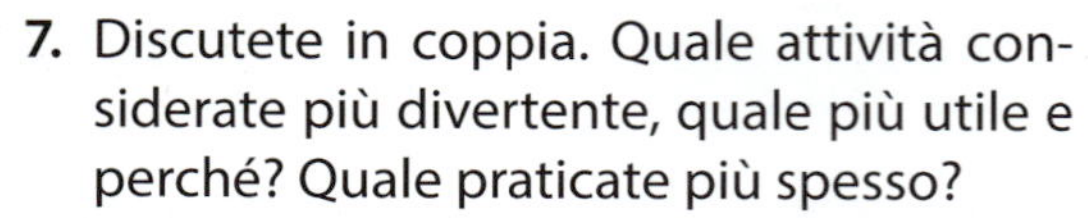

7. Discutete in coppia. Quale attività considerate più divertente, quale più utile e perché? Quale praticate più spesso?
8. Osserva e descrivi l'infografica.
9. **Attività**. Tutti insieme discutete e create un'infografica simile per:
   a. i giovani del vostro paese;
   b. le persone anziane del vostro paese.
10. È importante avere tempo libero? Perché, secondo voi?

Situazione: Un amico invita te e pochi altri amici a passare un fine settimana nella sua casa in montagna. Ha già in mente un piccolo programma, ma a te sembra noioso. Quindi, proponi alcune idee per trascorrere il tempo in modo più divertente.

COME PASSANO IL TEMPO LIBERO GLI ITALIANI?

45% Meno di un italiano su due pensa di avere abbastanza tempo libero

Il tempo libero come occasione per ...

65% rilassarsi, riposarsi

18% imparare, sviluppare abilità

17% stabilire contatti, relazioni sociali

Le attività che gli italiani preferiscono svolgere nel tempo libero

46% stare con la propria famiglia, i propri affetti

29% fare sport

29% guardare la tv

28% leggere

25% stare su internet, sui social network

25% stare con gli amici

Fonte: *Doxa*

12 Guardare la TV

Lessico utile

programma televisivo
canale
accendere ≠ spegnere
telespettatore
piattaforma di streaming
tv online
partita
telecomando
la serie tv
stagione
episodio
film
varietà
documentario
talk show
talent show
pubblicità
schermo

---

questa sera esce il/la…
su Rai3 c'è…
un programma seguito è…

1. Descrivi la foto blu. Quali trasmissioni televisive uniscono le persone?
2. Confronta la foto blu con quella rossa. In quale delle due situazioni ti trovi più spesso?
3. Quante ore al giorno guardi la tv e in quale momento della giornata? Scambiatevi informazioni.
4. Discutete in coppia. Che tipo di programmi guardate più spesso? Poi confrontatevi con le altre coppie.
5. Parla della televisione del tuo paese: quali sono i programmi di maggior successo?

6. Commenta la foto verde. Dove preferisci guardare i programmi tv e perché?
7. Canali tradizionali, YouTube, piattaforme tipo Netflix, altro? Quale preferisci e perché? Scambiatevi idee.
8. Quali sono le serie tv più seguite oggi? Qual è la tua serie tv preferita di sempre? Parlane in breve.

9. Descrivi e commenta la foto gialla. Quali sono gli aspetti positivi della tv e quali quelli negativi? Scambiatevi idee.
10. Commenta la seguente frase di Fabio Volo, noto scrittore e personaggio televisivo italiano: "La televisione è la mia droga, ma io sono sicuro di poterne fare a meno quando voglio, almeno credo."

Situazione: È sabato e chiami un amico per organizzare qualcosa per la sera. Lui, però, non ha voglia di uscire perché proprio stasera c'è il primo episodio della nuova stagione della sua serie preferita! A te questo sembra assurdo perché ci sono cose più divertenti di un'altra serata davanti alla tv. Alla fine trovate una via di mezzo.

13 Abbigliamento e moda

Lessico utile

abito / vestito
completo
giacca
camicia ▸ camicetta
pantaloni
gonna / minigonna
tuta
cravatta
gilet
jeans
scarpe
cappotto / giubbotto
maglietta ▸ maglione
zaino / borsa
cintura
gioielli
tessuto / stoffa
materiale
saldi
armadio
portare / indossare
elegante ≠ casual
classico
sfilata
stilista
passerella
modello/a
abito firmato
tendenza

porta un abito da uomo / da donna
una borsa / cintura di pelle
uno stile classico / moderno / sportivo / casual
ti sta molto bene
di solito mi vesto…
è di moda / alla moda…
vorrei provare la taglia…
porto la taglia…

1. Descrivi la foto gialla.
2. Ti piace fare spese? Dove vai di solito e che cosa compri più spesso? Scambiatevi idee.
3. Descrivi e confronta la foto gialla con quella verde. Secondo te, la situazione della foto gialla è uno stereotipo?
4. Discutete in coppia. Qual è il vostro stile? In quali occasioni il vostro abbigliamento è più classico e in quali più casual?
5. **Attività**. In coppia, scegliete uno degli stili di abbigliamento della foto blu e immaginate una situazione. Raccontate, in breve, dove deve andare la persona e cosa indossa. Le altre coppie devono capire di quale figura si tratta.

6. Descrivi la foto rossa.
7. Discutete in coppia. Quando scegliete velocemente i vostri abiti e quando no?
8. Osserva la foto nera: compri spesso abiti o accessori online e perché? Che cosa conviene comprare online e cosa no?
9. Descrivi la foto grigia. Poi discutete in coppia: quanto spendete per l'abbigliamento? Comprate mai abiti non proprio necessari? Parlatene.
10. Osserva la foto rosa. Che cosa sai della moda italiana (stilisti, diffusione nel mondo)? Ne hai uno preferito? Scambiatevi informazioni.
11. Compri spesso accessori o abiti firmati? Che cosa in particolare? Perché la gente ama comprare oggetti costosi?
12. Segui le tendenze della moda? Se sì, attraverso riviste, giornali, social media, influencer, altro? Scambiatevi idee.

Situazione: Nella vetrina di un negozio di abbigliamento vedi un maglione bellissimo ma costoso. Quando entri e parli con la commessa scopri che non ha lo sconto, anche se è un periodo di saldi! In quel momento entra un altro cliente che vuole lo stesso maglione. Cosa fai?

14 A tavola

Lessico utile

pranzo
cena
antipasto
primo / secondo piatto
contorno
ristorante ≠ trattoria ≠ pizzeria ≠ bar

pasta
pane
formaggio
carne
pesce
verdura
insalata
dolce

panino
specialità
ricetta
bibita gassata
condimento > condire
salse
grassi
cornetto

spremuta d'arancia
marmellata
cucinare / preparare
forno
tagliare
vitamine
sano
dimagrire ≠ ingrassare

il mio piatto preferito è...
il piatto tipico del mio paese è...

fare colazione / merenda
ha molte calorie

mantenere la linea
mangiare sano

1. Descrivi la foto blu e trova le cose simili e le differenze con quella verde. Quanto spesso mangi fuori casa, dove e perché?
2. Discutete tutti insieme: quali sono i vostri piatti preferiti?
3. Puoi descrivere un piatto tipico del tuo paese o della tua regione?
4. Osserva la foto gialla. Mangi spesso nei fast food? Perché? Cosa pensi di questo tipo di alimentazione?
5. Secondo te, quale immagine di pag. 26 rappresenta il contrario del fast food? Che cosa ne sai? Scambiatevi informazioni.
6. Discutete in coppia. Quanto è importante per voi mangiare sano? Riferite cibi e piatti che preferite perché fanno bene.

La dieta mediterranea

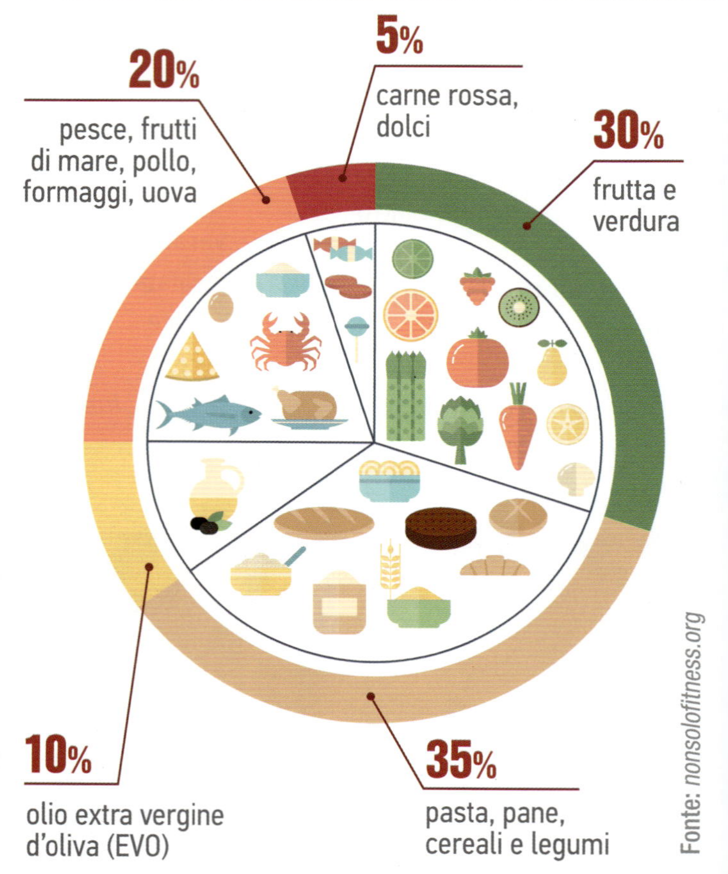

7. Descrivi la foto viola. Che cosa mangi a colazione? Scambiatevi idee.
8. Che cosa mangi di solito al lavoro, all'università o quando sei in giro? Scambiatevi idee.
9. Descrivi la foto rossa. Tu sai cucinare? Sai preparare una specialità? Parlane.
10. Discutete in coppia. Che cosa pensate delle diete? Qual è la dieta o il modo migliore per mantenere la linea? Poi confrontatevi con le altre coppie.
11. Descrivi la foto grigia. Segui trasmissioni o video di cucina? Cerchi ricette online? Parlane.
12. **Attività**. Discutete in coppia: mangiate spesso all'italiana? Dove e quali piatti (pasta, pizza, gelato, ecc.)? Poi tutti insieme fate una statistica: chi di voi è più "italiano" a tavola?

Situazione: Tu e un'amica volete mangiare all'italiana. Lei conosce uno dei migliori ristoranti italiani della città, però è abbastanza caro. Tu, invece, proponi una pizzeria, meno cara, ma forse non italiana al 100%...

15 Fare la spesa

Lessico utile

spesa carrello prodotto frutta verdura la carne	il cliente comprare lo scaffale etichetta offerta ingrediente calorie marca scegliere	qualità fresco ≠ confezionato surgelato pubblicità reparto dei salumi / dei detersivi / dei cosmetici alimentari fruttivendolo	macellaio mercato fornaio / panettiere spreco > sprecare avanzi pagamento > pagare buste della spesa lista

"tre etti di prosciutto crudo..." | *"un chilo di..."* | *"100 grammi di.../ un etto di..."*

1. Descrivi la foto verde.
2. Chi fa di solito la spesa nella tua famiglia e perché?
3. Descrivi e commenta la foto blu. Tu vai spesso al supermercato? In quale reparto passi o perdi più tempo e perché? Scambiatevi idee.
4. Leggi e commenta l'infografica a pag. 28. Tu in quali casi confronti i prezzi dei prodotti?
5. Per te quali sono i criteri principali per scegliere un prodotto al supermercato? Scambiatevi idee.
6. Che cosa pensi della pubblicità? Ti influenza o no?
7. Descrivi la foto grigia a pag. 28. Oltre al supermercato, in quali altri negozi di alimentari andate tu o qualcuno della tua famiglia e perché?

8. **Attività.** In coppia, osservate la foto rossa (Roma, Campo dei Fiori) e fate una lista dei pro e dei contro di supemercati, negozi di alimentari e mercati all'aperto. Poi confrontatevi con le altre coppie.
9. In famiglia comprate prodotti biologici? Perché? Scambiatevi informazioni.
10. Commenta la vignetta gialla. A te capita spesso di sprecare cibo, di comprare più alimenti del necessario e quindi di buttare prodotti scaduti?
11. Discutete in coppia. Quali sono i pro e i contro della spesa online?
12. Quali sono i prodotti italiani più conosciuti nel tuo paese? Scambiatevi informazioni.

Situazione: Tua madre ti chiede di andare a fare la spesa. Quando arrivi al supermercato ti rendi conto che la tua lista (sotto) non è completa e non ricordi quali prodotti vuole esattamente o la quantità necessaria. La chiami, quindi, per chiedere più informazioni.

16 I libri e la stampa

Lessico utile

il giornale → giornalaio / edicola
quotidiano
rivista / periodico
il settimanale ≠ il mensile
fumetto
notizie
articolo
il/la giornalista
informarsi
gossip
attualità
spettacolo
lettore → lettura
scrittore/ttrice
letteratura
romanzo
giallo
fantastico
d'avventura
storico
d'amore
trama
copertina
titolo
la recensione
celebre
in libreria
in biblioteca
comodo
pratico

1. Descrivi la foto grigia e quella arancione.
2. In coppia parlate delle riviste e dei giornali che leggete. Poi confrontatevi con le altre coppie: quali sono i settimanali e i quotidiani più letti in classe?
3. Che cosa pensi delle riviste femminili, di quelle di gossip e di quelle di sport e motori? Puoi descrivere il loro contenuto?
4. Di solito ti informi tramite giornali, telegiornali, radiogiornali, siti, social media o altro. Perché?
5. Quali notizie ti interessano di più (politica, economia, spettacolo, attualità, sport, ecc.) e quali per niente? Scambiatevi idee.

6. Descrivi e commenta la foto blu. È un'immagine che vedi spesso?
7. Ti piace leggere libri? Perché? Quando e dove leggi?
8. **Attività**. Discutete tutti insieme: che tipo di libri leggete e qual è il vostro libro preferito? Poi fate una classifica dei generi e dei titoli che piacciono di più alla classe.
9. In coppia. Ogni studente racconta per almeno 30" la trama o il contenuto di un libro che ama.
10. Commenta la vignetta. Perché un tempo la gente leggeva più libri?

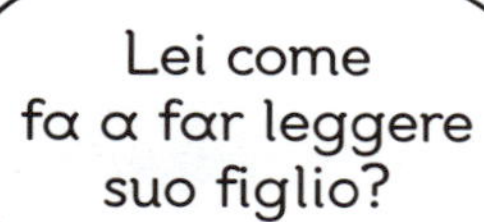

11. Osserva la foto verde. Libri di carta o ebook? Quali sono i pro e i contro dell'uno e dell'altro?
12. "Chi non legge, a 70 anni avrà vissuto una sola vita: la propria. Chi legge avrà vissuto 5000 anni." Commenta questa celebre frase di Umberto Eco.

Situazione: È il compleanno di tuo nipote che compie 12 anni. Tu e tua sorella cercate di decidere il regalo migliore: secondo te, un videogame è una scelta sicura e piacerà molto al piccolo. Tua sorella, invece, preferisce dei libri adatti alla sua età.

17 Amici a quattro zampe

1. Descrivi la foto gialla.
2. Quanti di voi hanno un animale in casa? Lo potete descrivere (razza, colore, dimensioni, ecc.)?
3. Immagina di essere il tuo animale: racconta la tua giornata!
4. Descrivi la foto rossa. Per quali motivi tante persone hanno bisogno di un animale? Scambiatevi idee.
5. Discutete in coppia. Quali sono le differenze tra cani e gatti? Quali preferite?

Lessico utile

animali domestici
razza
dimensioni
pelo
zampe
denti
cucciolo
fedele
affettuoso
intelligente
indipendente
di compagnia
proprietario
animale randagio
veterinario
curare
vaccino
bisogni
ciotola
guinzaglio
accarezzare
coccolare
maltrattare
cuccia
mammiferi
rettili

prendersi cura di...
fare danni

6. Descrivi la foto blu. Quali sono le responsabilità di chi ha un animale domestico? Quanto costa prendersi cura di loro?
7. Quando diventa difficile avere uno o più animali in casa se, ad esempio, abbiamo bambini piccoli, se siamo spesso assenti o vogliamo andare in vacanza? Scambiatevi idee ed esperienze.

Gli animali da compagnia

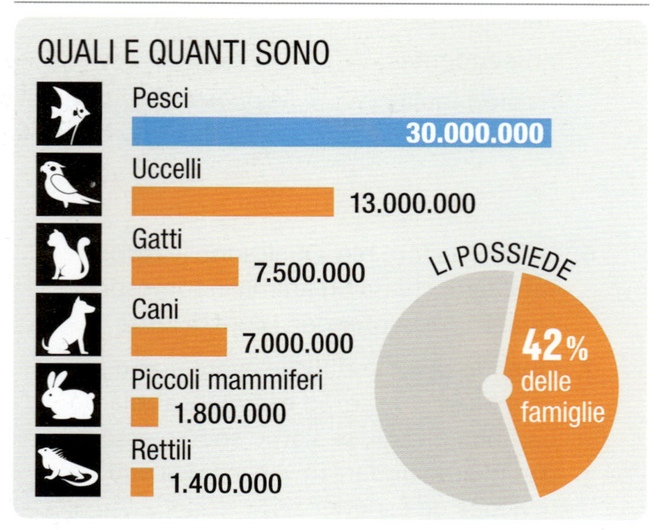

In Italia

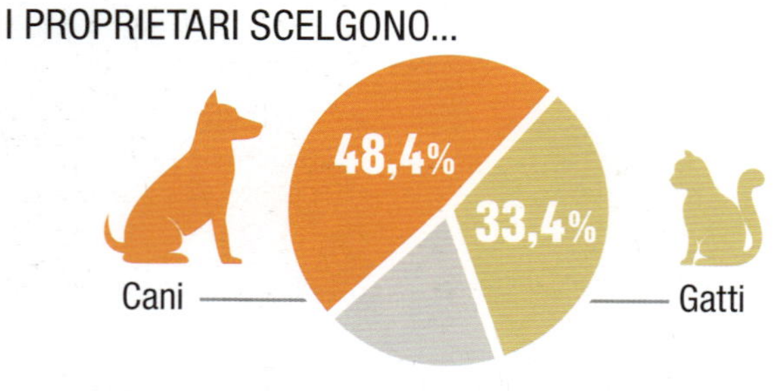

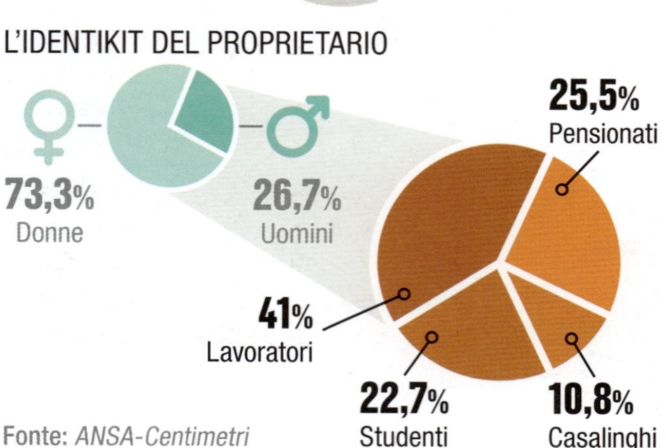

Fonte: *ANSA-Centimetri*

8. Torni a casa e trovi una situazione simile a quella della foto verde. Cosa fai? Scambiatevi idee.
9. **Attività**. In coppia, osservate l'infografica e ognuno di voi pensa a una domanda da fare al compagno. Vediamo se tutti e due riuscite a rispondere.
10. Descrivi la foto arancione. Vedi spesso cani e gatti randagi in giro nella tua città?
11. Come ti fanno sentire queste immagini? Di chi è la colpa e qual è la soluzione? Scambiatevi idee.
12. Osserva e commenta la foto grigia. Che cosa pensi del circo e dello zoo? È giusto tenere gli animali in gabbia e lontano dal loro habitat naturale?

Situazione: Dici a un amico che finalmente realizzerai un tuo sogno: comprare un cane lupo. Lui ti parla delle difficoltà di prendere questa decisione dal momento che abiti in un appartamento e ti spiega che è faticoso avere cura di un animale così grande.

18 Cinema e teatro

Lessico utile

spettacolo → spettatore	azione	trama	platea
sala cinematografica	thriller	sceneggiatura	palcoscenico
fantascienza	avventura	recensione	poltrona
poliziesco	western	scena	autore/trice
commedia d'amore	attore / attrice	premio cinematografico	sipario
	protagonista	piattaforma di streaming	pubblico
	ruolo	effetti speciali	applausi → applaudire
	regista		

ha vinto il Premio Oscar per la regia / come miglior attore... | *il film lo danno alle...* | *interpretare un ruolo / recitare nel ruolo di*

1. Descrivi e commenta la foto rossa. Ti piace andare al cinema? È qualcosa che fai spesso? Perché?
2. **Attività**. Giocate in gruppi di tre. Uno studente del gruppo comincia scegliendo una foto dell'immagine arancione: ha 10" per riconoscere il genere e dire il titolo di un famoso film di questo genere. Poi il turno passa al prossimo studente e così via. Il primo che non ci riesce perde.
3. In coppia. Parlate delle vostre preferenze cinematografiche: generi, film e attori preferiti. Alla fine discutete tutti insieme: quali generi di film o attori piacciono a più compagni?

4. In coppia. Racconta in breve la trama del tuo film preferito o di uno che hai visto ultimamente. Perché ti è piaciuto?
5. Come scegli quale film andare a vedere? Cos'è più importante per te: la sceneggiatura, gli attori, i commenti degli amici, le recensioni o altro? Scambiatevi idee.

6. Osserva la foto blu. Che cosa pensi dei premi cinematografici? Quale categoria di premi consideri più importante?
7. Meglio un film al cinema, in tv, su una piattaforma tipo Netflix o altro? Scambiatevi idee sui pro e i contro di ciascuno.
8. Descrivi la foto verde. Secondo alcuni, il cinema moderno è molto commerciale, spesso con troppi effetti speciali e scene di violenza. Che ne pensi? Scambiatevi idee.
9. **Attività**. Osservate l'immagine gialla e poi tutti insieme fate una lista dei film, degli attori e dei registi italiani più famosi nel mondo. Qual è il film italiano visto da più compagni?
10. In coppia. Parlate di teatro: ci andate spesso? Perché? Parlate di qualche spettacolo che ricordate.
11. Osserva la foto grigia. Quali sono le differenze tra cinema e teatro? Quale preferisci e perché? Scambiatevi idee.
12. Attori del cinema e di teatro: cosa pensi di questo mestiere? Come immagini la loro vita?

Situazione: Su suggerimento di un amico vai a vedere un film e il giorno dopo lo chiami per discuterne. A te quel film non è piaciuto per niente, quindi cerchi di capire perché insisteva così tanto!

19 Questi ragazzi

Lessico utile

giovane
adolescente ➔ adolescenza
sorridere
zaino
maglietta
minorenne ≠ maggiorenne
gioventù
triste ➔ tristezza
solitudine

amico
interessi
gruppo
videogioco
passatempo
dipendere ➔ dipendente
condividere ➔ condivisione
bullo ➔ bullismo / cyberbullismo
vittima
proteggere
denunciare
chiedere aiuto

adulto
il genitore
rapporto
severo
rigido
protettivo
responsabilità ➔ responsabile ≠ irresponsabile
ubbidire ➔ ubbidiente
fare esperienze
idolo
ricordo

farsi selfie
ha quindici anni / è un quindicenne
fare post / postare
essere vittima di...

1. In coppia descrivete e confrontate la foto blu e quella rossa.
2. **Attività**. Giocate in coppia o in due gruppi. Uno studente/un gruppo pensa ai motivi che possono fare felice un adolescente e l'altro a quelli che possono renderlo triste. Chi pensa a più motivi validi, vince.
3. Descrivi e commenta la foto arancione.
4. Che cosa pensi dei videogiochi in generale e, in particolare, di quello della foto arancione? Tu ci giochi? Perché? Scambiatevi idee.
5. Quali sono oggi i passatempi preferiti dai giovani? Sono diversi per i ragazzi e per le ragazze?
6. Secondo te, i ragazzi di oggi hanno abbastanza tempo libero? Perché? Tu ne hai/avevi?

7. Descrivi e commenta la foto gialla.
8. Discutete in coppia. Perché gli adolescenti passano tanto tempo al cellulare? Quali social media/applicazioni o altro attirano la loro attenzione? Poi confrontatevi con le altre coppie.

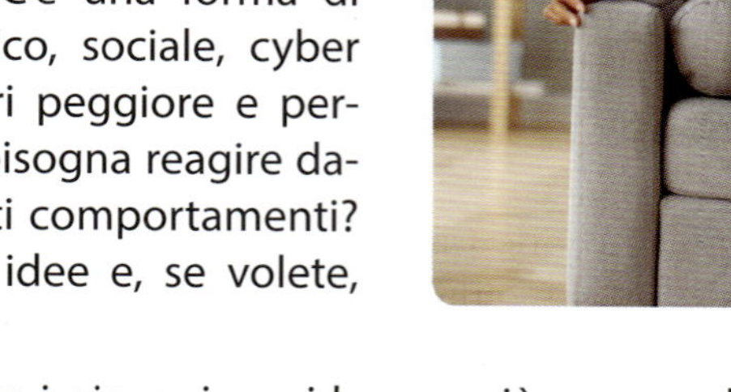

9. Descrivi e commenta l'immagine verde. C'è una forma di bullismo, fisico, sociale, cyber che consideri peggiore e perché? Come bisogna reagire davanti a questi comportamenti? Scambiatevi idee e, se volete, esperienze.
10. Generalmente i giovani oggi hanno più o meno libertà rispetto al passato e perché? Scambiatevi idee.
11. Descrivi la foto grigia. Perché a questa età ci sono scontri con i genitori? Com'era/è il rapporto con i tuoi genitori?
12. Quali sono gli obiettivi di un adolescente? Quali sono le persone che lo influenzano e quali i suoi idoli?
13. Racconta il ricordo più bello della tua adolescenza.

Situazione: Chiedi a tuo padre/tua madre di uscire fino a tardi e di dormire a casa di un compagno di scuola. Lui/lei non è d'accordo: secondo lui/lei chiedi troppo per la tua età e non apprezzi quello che hai, che è tanto rispetto ai ragazzi del suo tempo. Tu però vuoi solo passare più tempo con i tuoi amici.

20 Bellezza, che fatica!

Lessico utile

trucco truccarsi	crema
specchio specchietto	pelle
rossetto	barba barbiere
rimmel mascara	rasoio
aspetto fisico	radersi
prepararsi	nuoto nuotare
capelli	aerobica
parrucchiere/a	calcio
taglio tagliare	pesi
forbici	corsa correre
tinta tingere	danza
estetista centro estetico	allenamento allenarsi
viso	dimagrire
trattamento	stare in forma

curare il proprio fisico
aspetto

mantenersi in forma
mantenere la linea

farsi la barba

mettersi lo smalto

fare la manicure

farsi una maschera

1. Descrivi la foto verde.
2. Quanto è importante per te il tuo aspetto fisico? Quanto tempo ti prepari prima di uscire di casa? Ti guardi spesso nello specchio durante la giornata?
3. Descrivi l'immagine blu. Secondo te, sono indispensabili queste cure? Scambiatevi idee.
4. In coppia. Voi quanto spendete più o meno al mese per "farvi belle/i" e in che cosa? Quanti prodotti usate?
5. Descrivi e commenta la foto arancione. Che cosa pensi di questi trattamenti e delle persone, donne e uomini, che scelgono di farli?

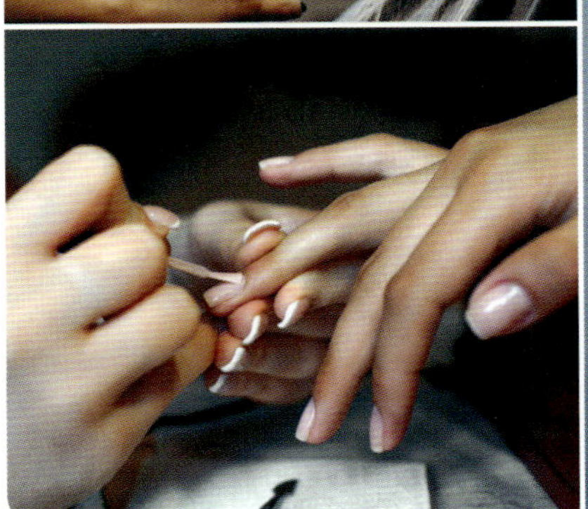

6. Descrivi e commenta la foto rossa e quella viola.
7. Negli ultimi anni gli uomini curano sempre di più la loro immagine. Cosa ne pensi? Scambiatevi idee.
8. Confronta e commenta la foto gialla e quella grigia.
9. **Attività.** Discutete in coppia: fate sport? Quale in particolare e perché? Poi tutti insieme fate una classifica con due colonne: gli sport più praticati e i vostri obiettivi.

10. In coppia. Chi di voi è/è stato a dieta? L'obiettivo principale è/era la salute o l'immagine? Poi confrontatevi con le altre coppie.
11. Leggi e commenta il testo grigio a pag. 74.
12. Personaggi dello spettacolo e della moda, mass media, influencer e social media promuovono modelli "perfetti" che ci influenzano tutti. Sei d'accordo? Ti capita di sentirti non abbastanza bello/a o imperfetto/a davanti a queste immagini? Scambiatevi idee.

Situazione: Il tuo/la tua partner cura molto il suo aspetto fisico, forse troppo: va in palestra quasi ogni giorno, sta attento/a a non ingrassare, spende molto in cosmetici e in generale cerca di essere "perfetto/a". Cerchi di spiegargli/le che a te piace così com'è e non ha bisogno di tante cure.

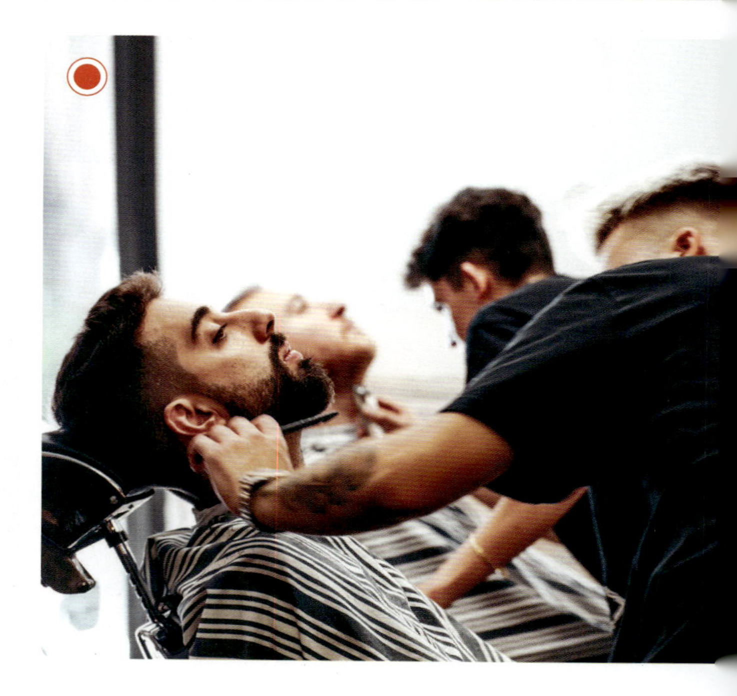

21 Amicizia e amore

Lessico utile

amicizia
vacanza
il ponte
il fiume
sorridente
ridere

tesoro
sincerità
fiducia
rapporto
chiacchierare / parlare
amico/a del cuore
confidenza
invidia > invidioso

tradimento
la relazione
coppia
compagno / fidanzato/a / partner
bugia > bugiardo
innamorarsi
bruno
castano

biondo
gelosia > geloso
dubitare
litigare
fedele ≠ infedele
appuntamento
romantico
folle

non avere segreti
parliamo di tutto...

il/la mio/mia migliore amico/a
nel mio partner cerco...

essere innamorato cotto di...
stare ≠ uscire con qualcuno

1. Descrivi la foto verde.
2. Si dice "chi trova un amico trova un tesoro": sei d'accordo? Sono così rari e importanti gli amici? Perché?
3. In coppia. Avete degli amici veri? Parlate del vostro amico o della vostra amica del cuore. Perché lo/la considerate tale?
4. Qual è la differenza tra gli amici "veri" e gli amici sui social media? A quali dedicate più tempo e perché? Scambiatevi idee.
5. Descrivi la foto blu. L'amicizia tra uomini è diversa da quella tra donne? Motiva la tua risposta.
6. Secondo te, ci può essere vera amicizia tra una donna e un uomo? Scambiatevi idee ed esperienze, se ne avete.

7. Descrivi la foto rossa. Per te è più importante l'amore o l'amicizia?
8. **Attività**. Prima discutete in coppia: che cosa cercate a livello fisico e caratteriale in una persona? Poi tutti insieme create una piccola statistica con le caratteristiche dell'uomo e della donna 'ideali'.
9. Descrivi la foto grigia. Cos'è successo, secondo te? Qual è il ruolo dei social media in amore? Scambiatevi idee e, se volete, esperienze.
10. Leggi il testo blu e svolgi i compiti a pag. 74.
11. Di solito per quali motivi finisce una relazione? Secondo te, con gli anni, con il matrimonio, l'amore diventa più debole o più forte?
12. Descrivi la foto arancione. Qual è la cosa più romantica o più folle che hai fatto o vissuto per amore? Scambiatevi idee.

Situazione: C'è una persona che ti piace ma non vuoi scriverle su Facebook, senza conoscerla. Quindi, chiedi informazioni a un amico comune: che tipo è, cosa fa, se ha una relazione ecc. Alla fine gli chiedi di trovare un modo (un incontro, una festa o altro) per poter finalmente conoscere questa persona.

22 Città o campagna?

Lessico utile

abitazione
palazzo
costruzione / edificio
villa > villetta
appartamento
in centro città ≠ in periferia

il quartiere
finestra
il balcone
vicolo / stradina
collina ≠ pianura
albero
campo
grattacielo

cemento ≠ verde
traffico
lo smog / l'inquinamento
parcheggio
rumore > rumoroso
vicini di casa
tranquillità

comodità
cittadina ≠ paese
giardino
orto
in provincia
annuncio
affitto ≠ vendita
mutuo

un appartamento di 75 mq (metri quadrati)

le spese di condominio
stare all'aria aperta

1. Descrivi la tua abitazione e la zona in cui abiti. Scambiatevi informazioni.
2. Descrivi una delle foto. I compagni devono capire di quale si tratta e dire il relativo colore. Poi altri due compagni continuano con altre due foto.
3. **Attività**. In coppia o in due gruppi, avete tre minuti per pensare a quanti più vantaggi potete del vivere in ognuno di questi luoghi italiani. Vediamo chi vince.
4. Com'è la vita nell'appartamento di un grande palazzo? Quali sono i vantaggi e gli svantaggi? Scambiatevi idee e, se volete, delle esperienze.
5. Quali sono le difficoltà per chi vive in una piccola città di campagna? Ci andresti a vivere? Se sì, dove? Scambiatevi idee.

6. Descrivi la foto grigia.
7. Che cosa deve fare chi vuole trovare una casa? Quali sono i quartieri migliori della vostra città e perché?
8. Leggi il testo rosso a pag. 71.
9. In coppia. Casa propria o in affitto? Quali vantaggi presenta vivere nella propria casa e quali vivere in affitto? Poi confrontatevi con le altre coppie.
10. Descrivi e confronta la foto verde e quella viola. È cambiata in meglio o in peggio la tua città negli ultimi anni? Cosa bisogna fare ancora?
11. In coppia, descrivete la casa dei vostri sogni. Poi confrontatevi con le altre coppie: vediamo se i vostri sogni sono simili.
12. Un amico visita la tua città e hai un solo giorno per portarlo in giro. Dove andate, che cosa vedete? Scambiatevi idee.

Situazione: Pensi seriamente di andare a vivere in una città più piccola, a 50 chilometri da quella dove vivi adesso. Il/la tuo/a compagno/a non è d'accordo. Ognuno ha i propri motivi, quindi cercate una soluzione insieme.

23 Sport

Lessico utile

il calcio
la pallacanestro
la pallavolo
la corsa
giocatore/trice
palla → pallone
porta / rete
canestro
partita
campo
tiro
segnare
avversario
squadra

tifo → tifoso
coppa
medaglia
stadio
disabile
pugile → pugilato
automobilismo
il pilota
vittoria / vincita
pericolo
violenza
allenamento
gara

giocare a calcio / pallacanestro / pallavolo
fare canestro / punto
fare rete / gol
campione del mondo
fare il tifo

1. Descrivi le foto blu, rossa e grigia. Quale di questi sport consideri più interessante e perché? Scambiatevi idee.
2. In coppia. Qual è lo sport più seguito nel vostro paese, quali le squadre più popolari e quali i giocatori più conosciuti? Poi tutti insieme fate una statistica.
3. Quale sport ti piace di più e per quale squadra fai il tifo? Perché? Qual è il suo maggior successo? Ci sono squadre o atleti italiani che ti piacciono? Scambiatevi idee.
4. Descrivi e commenta la foto gialla. Nel tuo paese ci sono spesso casi di violenza negli stadi?
5. Hai mai seguito qualche evento sportivo dal vivo, allo stadio o no e perché? Scambiatevi esperienze.
6. Che cosa sai delle Olimpiadi? Perché sono così importanti? Secondo te, le Paralimpiadi hanno l'attenzione che meritano? Scambiatevi informazioni.
7. Che cosa pensi degli sport nella foto verde e in quella viola a pag. 44? Secondo te, ci sono ancora sport "da uomo" e "da donna" e perché? Cosa pensi degli sport violenti o pericolosi? Scambiatevi idee.
8. Quali sport hanno portato più premi internazionali al tuo paese? Scambiatevi informazioni.

9. Leggi il testo blu e il compito a pag. 70.
10. Commenta l'immagine gialla. Tu quanto tempo alla settimana dedichi all'attività sportiva? Parlane. Ci sono abbastanza centri sportivi vicino a casa tua?
11. **Attività.** In due gruppi. Sei un atleta famoso. Hai 10 secondi per descrivere qualche momento della tua giornata/carriera/vita (ad es. "Ogni giorno vado.../ faccio..."). Se i compagni del tuo gruppo indovinano quale sport pratichi, la squadra vince un punto. Poi il turno passa agli avversari. Potete ripetere lo stesso sport, ma non parole o frasi già usate. Vince il gruppo che arriva a 5 punti.

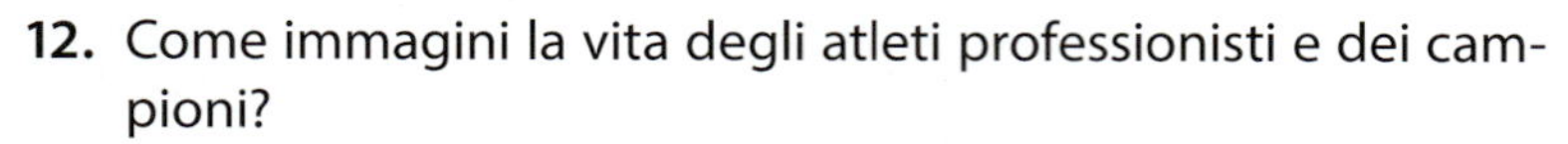

12. Come immagini la vita degli atleti professionisti e dei campioni?
13. Secondo te, guadagnano troppo alcuni atleti con i loro stipendi, premi, pubblicità e sponsor? Scambiatevi idee.
14. Il doping è forse il lato più oscuro dello sport. Perché tanti atleti, professionisti e non, rischiano la loro salute? Scambiatevi informazioni.

Situazione: Una tua amica vuole cambiare stile di vita e fare più esercizio fisico. Chiede consiglio a te che sei una persona molto sportiva. Lei non è in buona forma, non ama andare in palestra e non ha molto tempo libero durante la settimana. Quindi, le dai dei suggerimenti.

La pratica sportiva in Italia

PIÙ DI 20 MILIONI DI PERSONE PRATICANO UNO O PIÙ SPORT

24,4% sempre
9,8% non sempre

34,2% il totale degli sportivi

39,1% PIÙ DI 23 MILIONI NON FANNO ATTIVITÀ FISICA

26,5% 15,6 MILIONI FANNO POCA ATTIVITÀ FISICA

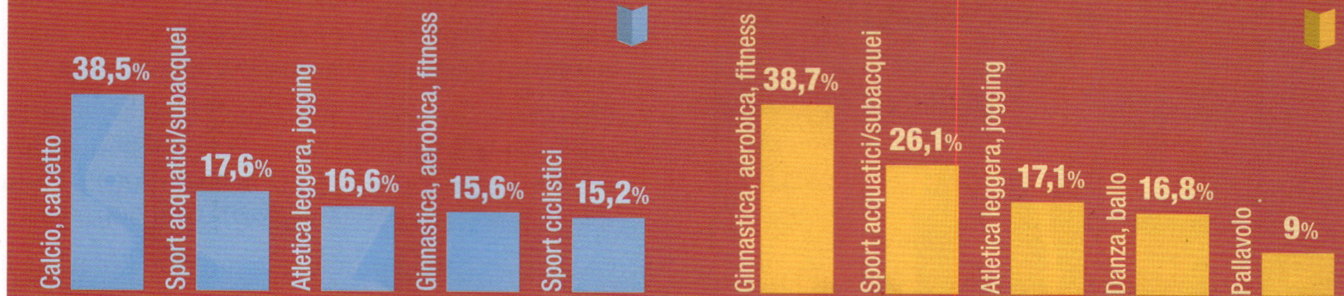

24 In giro per i negozi

Lessico utile

acquisti ⊘ spese
negozio di abbigliamento
negozio di calzature ⊘ scarpe
gioielleria
profumeria
vetrina
buste
scegliere ➔ scelta
bancarella
mercato
centro commerciale
commesso/a
cliente
saldi
sconto
costoso ⊘ caro ≠ economico
spendere

---

fare spese ⊘ acquisti
guardare le vetrine
"mi può fare uno sconto?"
"pago con la carta"

1. Ti piace fare spese? In che tipo di negozi vai più spesso? Scambiatevi idee.
2. Descrivi la foto gialla. Di solito fai spese da solo o in compagnia e perché?
3. Vai in giro per negozi solo quando hai bisogno di comprare qualcosa o anche per guardare vetrine, passeggiare ecc.? In quale zona della città preferisci andare?
4. In coppia, commentate la foto blu: immaginate la situazione e quello che sta dicendo l'uomo.
5. Chi dedica più tempo a fare spese, gli uomini o le donne e perché? Quali tipi di vestiti comprano più spesso? Scambiatevi idee.
6. **Attività**. Descrivi l'infografica a pag. 46. In quale punto ti risconosci e perché?

7. Commenta la foto rossa. Di solito sfrutti i saldi, le varie promozioni, *Black Friday* ecc. o non ti fidi tanto? Scambiatevi idee.
8. Quali oggetti preferisci comprare online? Come ti informi sulle cose da comprare e come decidi?
9. Leggi il testo rosso a pag. 70. Secondo te, qual è il consiglio più utile? Scambiatevi idee.
10. Descrivi la foto grigia. Ti piace comprare nei mercati all'aperto o nei negozi di abiti usati o no? Perché?
11. **Attività**. Giocate in due gruppi o in coppia. Uno di voi/un gruppo cerca i vantaggi dello shopping nei negozi vicino a casa e l'altro nei centri commerciali e nei grandi outlet. Vince chi pensa a più vantaggi reali.
12. "Sindrome da shopping": la malattia di chi fa acquisti senza controllarsi. Che consigli potresti dare a una persona che soffre di questa patologia? Scambiatevi idee.

Situazione: Durante i saldi compri un paio di jeans, ma quando vai a casa e ti guardi allo specchio non ti piacciono più. Torni al negozio e chiedi di cambiarli: ne provi altri ma non ti stanno bene, quindi chiedi la restituzione dei soldi. La commessa ti risponde che devi per forza comprare qualcos'altro. Alla fine trovate una soluzione.

DONNE CHE FANNO ACQUISTI INTELLIGENTI

sempre connesse e con poco tempo

showroomprive.it

il **94%** delle italiane prova una sensazione di piacere quando fa dei buoni acquisti

il **31%** delle donne compra online per risparmiare

il **34%** delle madri compra di più online da quando ha figli

il **69%** delle donne dichiara che, grazie a internet, ha sviluppato nuove tecniche per fare buoni acquisti

il **96%** delle italiane afferma che "fare acquisti intelligenti" significa trovare un prodotto di qualità a un prezzo più conveniente e in meno tempo

il **52%** delle donne cerca su internet gli sconti per i prodotti delle migliori marche

Fonte: *www.saldiprivati.com*

25 Spostarsi in città

Lessico utile

macchina / automobile

traffico

la moto ≠ il motorino

il taxi

monopattino ≠ bici elettrico/a

auto privata ≠ mezzi pubblici

strada

parcheggio > parcheggiare

il marciapiede

l'autobus ≠ il tram

il vigile urbano

multa

piste ciclabili

mobilità

noleggio

semaforo

sicurezza

in centro ≠ in periferia

l'assicurazione

la patente

il guidatore

strisce pedonali

il pedone

inquinamento

prendere una multa
passare con il semaforo rosso

ci metto un'ora per...
rimanere bloccati nel traffico

fare scuola guida / lezioni di guida

1. Descrivi e commenta la foto gialla.
2. Tu in che modo ti sposti in città e dove vai di solito? Scambiatevi idee.
3. In coppia. In quali zone della città e a che ora di solito c'è più traffico? Quanto è difficile trovare un parcheggio?
4. **Attività**. Giocate in due gruppi o in coppia. Uno pensa ai vantaggi delle auto private e l'altro ai vantaggi dei mezzi pubblici. Vince chi pensa a più aspetti positivi.
5. Descrivi la foto rossa. Quali sono i pro e i contro del motorino? Chi di voi ne ha uno?
6. Descrivi la foto blu. Parcheggi, piste ciclabili, zone a traffico limitato, punti di noleggio: quanto è facile circolare in bici nella tua città? Scambiatevi informazioni.

Fonte: www.bikeintrentino.it

7. Leggi l'infografica. Quale beneficio consideri più importante? Tu vai in bici o no e perché? Scambiatevi idee.
8. Descrivi la foto grigia. Quali sono i pro e i contro di questi mezzi?
9. Leggi il testo verde a pag. 69. Che cosa pensi di questo servizio? L'hai mai usato o no e perché?
10. Come sono cambiate le macchine negli ultimi anni per quanto riguarda le dimensioni, l'inquinamento, la sicurezza, la tecnologia ecc.? Scambiatevi informazioni.
11. Descrivi la foto verde. Qual è la difficoltà maggiore per chi cerca di prendere la patente? Cosa significa essere bravi guidatori? Parlatene.
12. Quali sono gli errori più comuni dei guidatori? Che consigli gli daresti? Scambiatevi idee.

Situazione: Stai portando il tuo gattino dal veterinario per un vaccino. Sei in ritardo, non trovi un posto libero, quindi parcheggi la macchina per metà sulle strisce pedonali. Lasci il gatto e torni subito indietro, ma vedi già un vigile che sta per farti una multa. Corri e cerchi di convincerlo a non farla.

Viaggiando

Lessico utile

visitare	passeggero	lo stuart	ferrovia
partenza ≠ arrivo	bagaglio / valigia	treno	binari
altezza	fila	il sedile	destinazione
aeroporto	decollo ≠ atterraggio	il vagone	ritardo
aereo	il pilota	la nave	misure di sicurezza
	la hostess	la stazione	controllo della polizia

agenzia di viaggi in the group up
agenzia di viaggi
perdere un volo / un treno / una nave

un biglietto andata e ritorno per...
passare sotto il metal detector

1. Descrivi e commenta la foto rossa.
2. Perché alla gente piace viaggiare? Scambiatevi idee.
3. In coppia. Vi piace viaggiare in aereo o no e perché? Pensate a quanti vantaggi e svantaggi ci sono nel viaggiare in aereo, poi confrontatevi con le altre coppie.
4. **Attività**. In coppia, osservate la foto grigia. Avete due minuti per immaginare quello che le è successo. Poi ogni coppia racconta la propria versione: vince quella più originale!
5. Hai mai fatto o conosci qualcuno che ha fatto un'esperienza particolare, divertente o spiacevole, durante un viaggio? Raccontala.
6. Leggi il testo blu e il compito a pag. 72.
7. Descrivi e commenta la foto blu a pag. 50. Ti piace viaggiare in treno oppure no e perché? Cosa pensi dei treni del tuo paese?

8. **Attività**. L'insegnante assegna a ognuno un diverso mezzo di trasporto: aereo, nave, treno, pullman, auto. Il vostro obiettivo è immaginare la situazione (destinazione, tempo a disposizione, soldi, distanza ecc.) e spiegare alla classe perché "avete scelto" quel mezzo per viaggiare e non un altro! Preparatevi per un po' e poi parlate per almeno 20 secondi.
9. Descrivi e commenta la foto gialla. File, ritardi, misure di sicurezza o altro: che cosa ti stanca di più durante un viaggio? Cosa si potrebbe migliorare? Scambiatevi idee.
10. Devi organizzare un viaggio: a quante cose devi pensare? Racconta.
11. Descrivi e commenta la foto verde. Come trascorri il tempo durante un viaggio? Scambiatevi idee. Ti piace viaggiare da solo o no? Perché?
12. Racconta il viaggio più bello che hai fatto. Scambiatevi esperienze.

Situazione: Tu e un/un' amico/a discutete di un viaggio che volete fare insieme a Natale. Tu vuoi finalmente visitare Roma, lui/lei preferisce fare il giro di una regione del vostro paese che non avete mai visitato. Allora lui/lei propone di fare un viaggio più lungo e vedere più posti. Ma Roma è Roma...

27 Una vita sui banchi

Lessico utile

alunno/a / studente/essa
banco
compito
ansia
selfie
esame
imparare
vacanza studio
confrontarsi
materia
insegnante / docente
istituto
massima
lezione a distanza ≠ in aula
biblioteca
facoltà
preparare un esame
proposta
mantenersi giovani
rifiutare

---

frequento una scuola di lingue
so / parlo / conosco l'italiano
mi sono laureato/a in...
sono al terzo anno di Medicina
dare / fare un esame

1. Descrivi la foto verde. Poi confrontala con quella grigia.
2. Come ti fanno sentire queste immagini? Secondo te, gli anni scolastici sono tra i più belli della nostra vita oppure no? Perché? Scambiatevi idee.
3. Che cosa ti piace/piaceva della scuola? Che rapporto hai/avevi con i tuoi insegnanti? Scambiatevi idee.
4. In coppia. Secondo voi, quali sono le differenze tra scuole pubbliche e private? Poi confrontatevi con le altre coppie.
5. "Dimmi e io dimentico. Mostrami e io ricordo. Fammi fare e io imparo." Secondo te, cosa significa questa massima cinese? Puoi fare qualche esempio?
6. Hai mai fatto lezione a distanza? Quali sono i pro e i contro rispetto alla lezione in aula? Scambiatevi idee.

7. Descrivi e commenta la foto rossa.
8. Discutete tutti insieme: chi di voi studia/ha studiato/vuole studiare all'università? Parlate delle vostre esperienze e delle facoltà che avete scelto.
9. **Attività**. In due gruppi. Un gruppo discute di quello che bisogna migliorare nella scuola e fa delle proposte; l'altro gruppo fa lo stesso per l'università. Alla fine scrivete alla lavagna i problemi più importanti e le idee migliori.

10. Studiare all'università nella propria città, in un'altra o all'estero? Quali sono i pro e i contro? Quanto è importante continuare gli studi dopo la laurea? Scambiatevi idee e preferenze.
11. Leggi e riassumi il testo rosso a pag. 72. Poi osserva l'immagine gialla: secondo te, perché è importante continuare a imparare? Solo per mantenersi giovani o anche per motivi professionali?

12. Descrivi e commenta la foto blu. Poi discutete in coppia: perché imparate l'italiano? Quali altre lingue conoscete e quanto bene?

Situazione: Mentre studi per un esame importante, un amico ti chiama per invitarti a uscire. L'idea di uscire ti attira molto, anche perché nell'ultimo periodo rifiuti sempre gli inviti, però si tratta di un esame molto importante...

28 La tecnologia e noi

Lessico utile

il cellulare / lo smartphone	il motore di ricerca	pubblicare
schermo	notifica	l'applicazione / l'app
dipendenza	la connessione	condividere
il portatile	dati	cliccare
	postare / fare un post	uso eccessivo
	leggere ≠ fare commenti	intelligenza artificiale
messaggiare	*guardare le storie*	*seguire influencer*
avere più follower	*pubblicare una storia*	*mettere "mi piace"/un like*

1. Descrivi e commenta la foto gialla.
2. La tecnologia ci avvicina o ci allontana? Quali settori della nostra vita influenza?
3. In coppia, osservate l'infografica: in quali di questi punti vi riconoscete? Credete di usare troppo il cellulare? Secondo voi, quali abitudini sono segnali di dipendenza?
4. Immagina la situazione: il cellulare, il pc e il tablet sono guasti e per 24 ore devi vivere senza di loro. Quante cose cambiano a livello pratico? Racconta la tua giornata.
5. Descrivi e commenta la foto blu a pag. 54.

QUANDO INTERNET DIVENTA UNA MALATTIA

L'**83%** legge **email di lavoro** durante la notte

Il **20%** controlla **l'orario** sul cellulare

Il **37%** controlla le **notifiche** sul cellulare durante la notte

L'**80%** si **addormenta** con il cellulare in mano

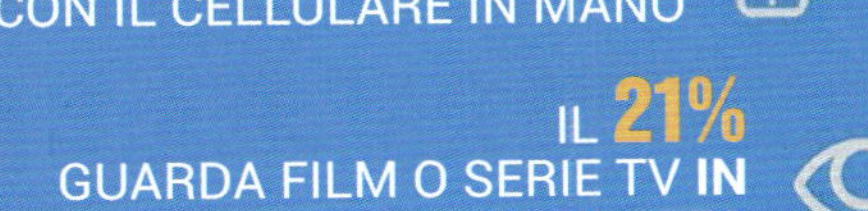

Il **21%** guarda film o serie tv **in streaming o in diretta**

Il **21%** segue **vip e personaggi** dello spettacolo

Il **57%** controlla il telefono subito dopo il **risveglio**

Il **52%** accede ai **social**

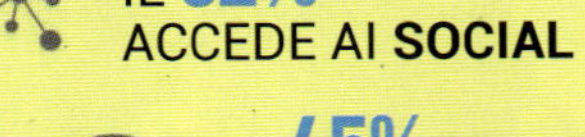

Il **45%** legge le **news** su siti o motori di ricerca

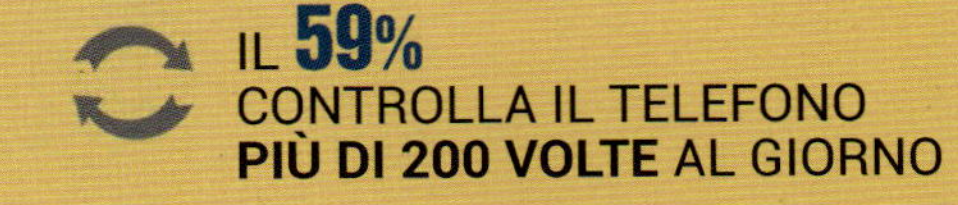

Il **59%** controlla il telefono **più di 200 volte** al giorno

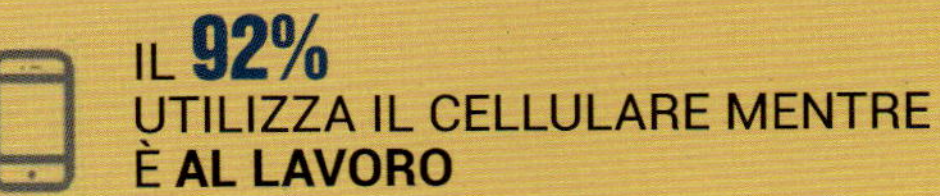

Il **92%** utilizza il cellulare mentre è **al lavoro**

Il **31%** guarda **video brevi** sui social network

Fonte: *cyberbullismo.wordpress.com*

6. In coppia. Quali sono i social media più diffusi e quali le caratteristiche di ognuno? Voi quale usate di più e perché?
7. **Attività**. Discutete in coppia. Quanto tempo passate sui social media al giorno? Che cosa postate di solito e quanto spesso? Poi confrontatevi con le altre coppie e fate una statistica: media di ore e di post al giorno.
8. Leggi e riassumi il testo verde a pag. 73. Che cosa fa la gente, voi o le persone che conoscete, per diventare più popolare sui social e perché? Scambiatevi idee.
9. Descrivi la foto rossa. Quanto è importante la tecnologia per le persone anziane? Puoi fare degli esempi?
10. Descrivi e commenta la foto grigia. Quali sono le conseguenze dell'uso eccessivo della tecnologia per i bambini? Che cosa possono/devono fare i genitori?

11. Intelligenza artificiale: cosa ne sai e cosa ne pensi? Scambiatevi informazioni. Credi che a causa della tecnologia rischiamo di perdere delle competenze?
12. In coppia. In che modo internet ha cambiato il mondo? A quali aspetti bisogna stare attenti e quali bisogna migliorare? Poi confrontatevi con le altre coppie.

Situazione: Fra pochi giorni è il compleanno del tuo nipotino e pensi di regalargli un nuovo tablet. Chiami sua madre, tua sorella, solo per una conferma, ma lei non è molto d'accordo con i regali di questo tipo. Cerchi di capirne il motivo e alla fine trovate una soluzione.

29 Vacanze

Lessico utile

spiaggia	folla ➔ affollato	sport acquatici	alloggio
sabbia	tranquillo ➔ tranquillità	settimana bianca	camper ➔ campeggio
ombrellone	riva	la neve	il panorama
telo da mare	costa	sci ➔ sciare	montagna
sdraio ⇄ lettino	abbronzarsi	tuta da sci	tenda
	pescare	località	villaggio turistico
	nuotare	esperienza	comodità

c'è molta / troppa gente	*fare una gita / escursione in/a...*	*in montagna*	*al mare*
prendere il sole	*in estate*	*in settimana bianca*	*al lago*
fare il bagno	*in vacanza*	*ad agosto*	*sulla spiaggia*
l'anno scorso sono stato a/in...		*all'estero*	*sulla neve*

1. In coppia: spiaggia blu (Monterosso, Cinque Terre) o rossa (Sardegna). Perché? Quali sono i pro e i contro di ciascuna?
2. Di solito dove preferisci passare le vacanze estive e perché? Descrivi il posto, come ci vai, ecc.
3. In coppia, raccontate le vostre vacanze estive più belle: dove, con chi e per quanto tempo. Poi tutti insieme fate una piccola statistica con mete e durata.
4. Descrivi la foto viola (Lago di Garda). Come ti piace passare il tempo dentro e fuori dall'acqua? Come trascorri le giornate in vacanza di solito? Scambiatevi idee.
5. **Attività**. Immaginate di avere la possibilità di passare le vacanze in uno dei luoghi di questa pagina, in una città italiana o in un qualsiasi altro posto al mondo: dove andate e perché? Vince chi pensa a più motivi a favore della sua scelta.
6. Descrivi la foto gialla a pag. 56. Hai mai fatto le vacanze in montagna o no e perché? Dove si può sciare nel tuo paese? È costoso? Scambiatevi informazioni.

Fonte: ACS Marketing Solutions

7. In coppia, leggete l'infografica. Poi ognuno fa al compagno una domanda sulle informazioni che contiene e il compagno risponde.
8. Descrivi e commenta la foto verde (Dolomiti). Hai mai vissuto un'esperienza simile?
9. **Attività.** Ognuno sceglie un tipo di alloggio (tenda, albergo, bed and breakfast, villaggio turistico, camper, altro) e dice agli altri perché lo preferisce. Vediamo chi lo fa in modo più convincente!
10. Leggi il testo blu a pag. 75 e svolgi il compito.
11. Com'è un buon albergo per te? Cosa bisogna fare per sceglierne uno buono? Hai qualche esperienza negativa, particolare o divertente da raccontare su un alloggio dove sei stato? Scambiatevi idee.
12. Discutete in coppia: quali sono, in ordine di importanza, le condizioni necessarie per una bella vacanza? Poi confrontatevi con le altre coppie: qual è il fattore più importante?

Situazione: L'estate sta arrivando e con un amico/il partner discuti delle vacanze. Per te estate significa mare. Lui/lei, invece, vorrebbe visitare una città d'arte italiana e ha trovato anche delle offerte interessanti. Alla fine...

30 Che si fa stasera?

il locale
locale notturno ⊘ discoteca
divertirsi ≠ annoiarsi

ballare
ambiente
alcol
cocktail ⊘ bevanda
alcolico ≠ analcolico
ubriacarsi
il fine settimana

uscire in compagnia
il/la barista
restare ⊘ rimanere a casa
cenare
fare aperitivo
passeggiata

il ristorante
trattoria
etnico
passaparola
la recensione
giochi di società ⊘ da tavolo

non ne posso più di...
andare in ⊘ frequentare un locale
organizzarsi per la serata

andare in giro ⊘ fare un giro con gli amici
fare le ore piccole ⊘ fare molto tardi

1. Descrivi e commenta la foto blu.
2. Ti piace frequentare locali come quello della foto o no? Perché? Scambiatevi idee.
3. In coppia. Che cosa vi piace e che cosa vi dà fastidio in un ambiente come questo?
4. Perché spesso quando si esce si beve? Tu che cosa bevi? Quali possono essere i pericoli? Scambiatevi idee.
5. Descrivi e commenta la foto rossa. Ti piace questo tipo di serate? Motiva la tua risposta.
6. In coppia. Per quali motivi la gente va a mangiare fuori? Come decide in quale locale andare? Poi confrontatevi con le altre coppie.
7. Tutti insieme: leggete l'infografica a pag. 58. Le risposte coincidono con le vostre? Poi ognuno sceglie un dato dell'infografica e lo commenta.

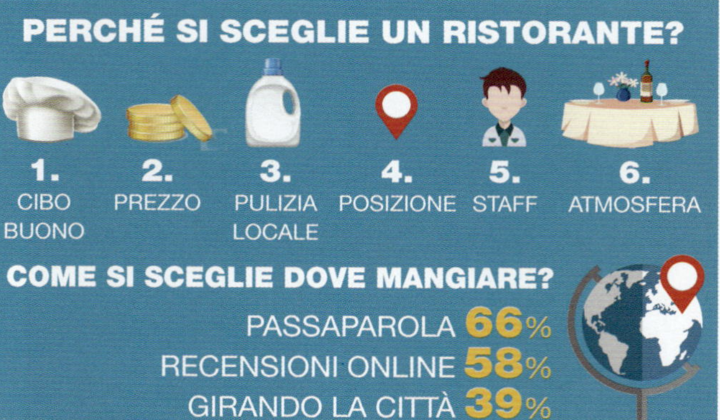

Fonte: *Doxa*

8. Confronta la foto viola con quella grigia a pag. 59: quale preferisci e perché? Quanto spesso fai l'uno o l'altro?
9. Descrivi e commenta la foto verde. È un tipo di attività che piace fare anche a te? In quali altri modi si può trascorrere una serata a casa, da soli o con degli amici? Scambiatevi idee.
10. Racconta una serata speciale con gli amici, qualcosa di particolare o di divertente che ti viene in mente. Scambiatevi idee.
11. Leggi e riassumi il testo rosso a pag. 74. Ti sei mai trovato in una situazione simile?
12. **Attività**. In coppia, discutete delle vostre abitudini: che cosa fate di solito la sera, quanto spesso uscite e dove andate, che cosa fate a casa? Poi tutti insieme preparate una tabella con le attività più comuni e frequenti.

Situazione: È sabato sera e i tuoi amici vogliono andare in discoteca, come quasi ogni settimana. Tu sinceramente non ne puoi più. Quindi, fai una proposta alternativa e gli spieghi i vantaggi per convincerli.

31 In famiglia

Lessico utile

matrimonio
religioso ≠ civile
il prete
sindaco
in chiesa ≠ comune
vestito da sposa/o
pranzo di nozze
ricordo
sposo/a > sposarsi
cerimonia
invitati
testimoni
parenti
suoceri
il genitore
allattare
educare > educazione
crescere
nascita
adozione > adottare
separazione > separarsi
divorzio > divorziare
responsabilità
convivenza > convivere
la crisi
figlio unico

1. Descrivi la foto blu. Meglio un matrimonio religioso o civile e perché?
2. Che importanza ha per te il matrimonio? C'è un'età o un momento giusto per sposarsi?
3. Per quali motivi due persone decidono di sposarsi? Com'è il partner di vita ideale per te? Scambiatevi idee.
4. **Attività**. Discutete in coppia. Quali sono i vantaggi della vita di una coppia sposata e quali di una non sposata? Poi confrontatevi con gli altri.
5. Quali sono i momenti più belli della vita familiare? Qual è il tuo ricordo più bello?
6. Quanto è importante la famiglia? Perché secondo alcuni oggi è in crisi? Scambiatevi idee.
7. Come ti fa sentire la foto verde? Come cambia la vita di una coppia con la nascita o l'adozione di un bambino? Perché oggi le coppie fanno meno figli di un tempo?

8. Descrivi la foto grigia a pag. 59. Secondo te, quali sono le maggiori difficoltà/sfide per un genitore? Scambiatevi idee.
9. In coppia. Leggete l'infografica: quale dato vi colpisce di più? Perché?
10. Descrivi e commenta la foto gialla. Per quali motivi finisce un matrimonio? Che cosa si potrebbe fare per non arrivare alla separazione o al divorzio? Scambiatevi idee.
11. Leggi e commenta il testo arancione a pag. 69. Poi con un compagno svolgi il compito.
12. Descrivi e commenta la foto rossa. Quali sono le conseguenze dopo una separazione o un divorzio? Come ci si deve comportare quando si hanno dei figli?

Situazione: Annunci a tuo padre che dopo un anno di relazione pensi di sposarti. Lui è un po' sorpreso per via della tua età. E poi sa che il matrimonio è una decisione molto seria che porta grandi responsabilità. Ti suggerisce di non fare le cose in fretta e magari di provare prima con la convivenza. Alla fine...

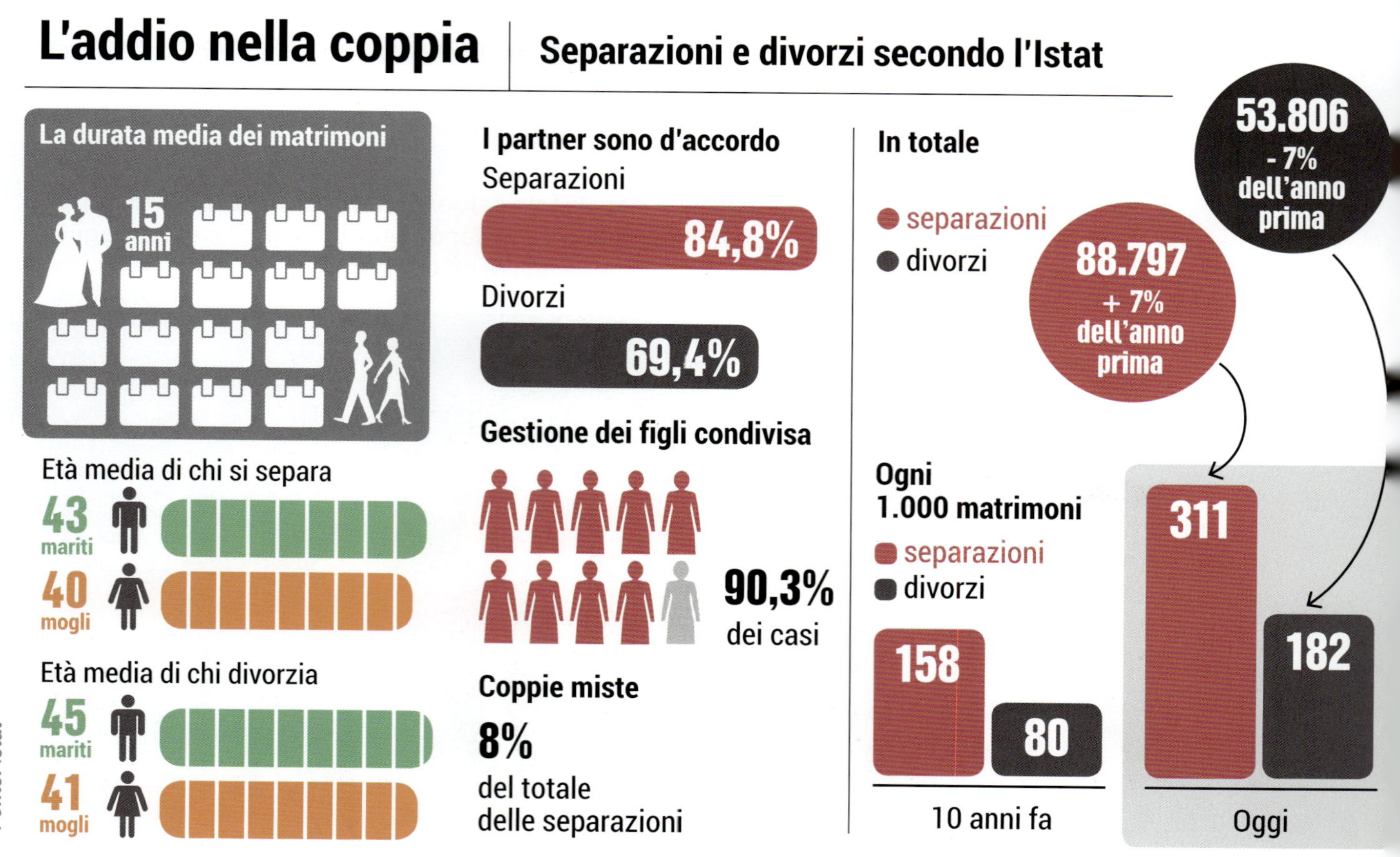

32 Lavorare

Lessico utile

ufficio
direttore/trice
impiegato/a
il/la collega
scrivania
schermo
la professione

ambiente
privato ≠ pubblico
stanchezza
stress
fatica
orario di lavoro
sciopero
la manifestazione
disoccupazione > disoccupato

annunci di lavoro
offerta di lavoro
candidatura
lettera di presentazione
colloquio di lavoro
competenze
salario / stipendio
impatto economico
carriera
telelavoro

fare un colloquio di lavoro
inviare un CV

trovare un buon posto di lavoro
candidarsi per un posto

1. Descrivi e commenta la foto verde e quella grigia. Quale situazione ti sembra più frequente e perché?
2. **Attività**. Giocate in coppia. Ognuno immagina di svolgere una delle professioni di pag. 16 e comincia a raccontare la sua giornata. Se riesce a parlare per 10 secondi vince un punto. Se il compagno indovina di quale professione si tratta (può provare solo con una risposta) vince un punto anche lui. Vediamo chi arriva per primo a 3 punti.
3. Scegli una professione dell'attività precedente e riferisci i pro e i contro che ti vengono in mente. Poi un altro compagno continua con un'altra professione e così via.
4. Quanto è importante essere soddisfatti del proprio lavoro e perché? Da cosa dipende?
5. Descrivi il lavoro che fai o che vorresti fare. Che cosa ti piace e cosa no? Perché l'hai scelto? Scambiatevi informazioni.
6. Descrivi la foto blu. Quanto è sentito il problema della disoccupazione nel tuo paese? Che cosa deve fare chi cerca lavoro?

OCCUPAZIONE E SALARIO

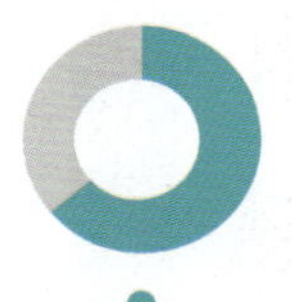

64% LAVORATORI

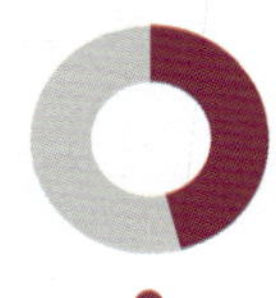

46,5% LAVORATRICI

SALARI

-20%

La **stipendio medio di una donna** è al massimo di **25mila euro all'anno**, mentre quello di un **uomo** è di **31milla euro** circa.

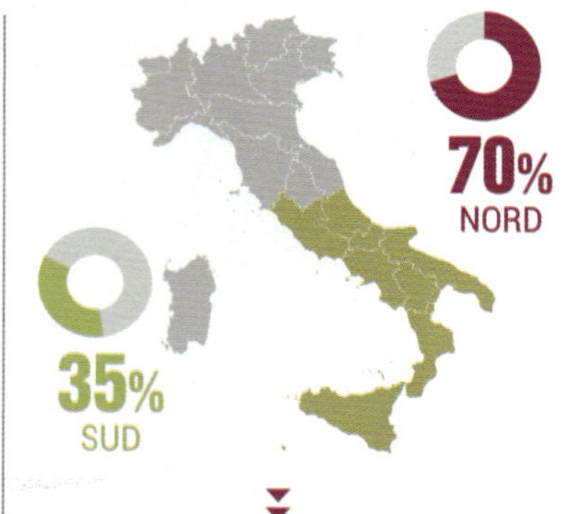

70% NORD

35% SUD

L'ITALIA NEL MONDO È AL:

69° posto per parità

114° posto per partecipazione economica

IMPATTO ECONOMICO

CON **1 MILIONE DI DONNE** IN PIÙ NEL MERCATO DEL LAVORO

AUMENTO **3%** DEL PIL

IN ITALIA PER **OGNI 100 DONNE** CHE ENTRANO NEL MERCATO DEL LAVORO

si posssono creare fino a **15 posti aggiuntivi** nel settore dei **servizi**

Se la percentuale di **lavoratrici donne** (oggi 46,5%) **arriverà agli obiettivi del Trattato di Lisbona** (il 60%), il **PIL** crescerà **di 7 punti**.

Fonte: *Istat*

7. Leggi il testo arancione a pag. 73. Quale di questi "errori" hai fatto? Quale consiglio consideri più utile? Scambiatevi idee.
8. In coppia. Quali caratteristiche e competenze sono più importanti per trovare lavoro oggi e in futuro? Voi quali competenze vorreste migliorare? Poi confrontatevi con le altre coppie.
9. Descrivi e commenta la foto rossa. Ci sono ancora professioni "da uomo" e "da donna"? Perché?
10. Leggi l'infografica e parla del dato che trovi più interessante. Scambiatevi idee.
11. Uomini e donne hanno pari opportunità a lavoro? Motiva la tua risposta. Quanto è difficile per una donna fare carriera? Scambiatevi esperienze.
12. Descrivi la foto gialla. Quali sono i pro e i contro del telelavoro? Scambiatevi idee.

Situazione: Hai una piccola azienda e hai ricevuto un interessante Curriculum Vitae. Quindi, chiami il candidato per un colloquio: parlate dei suoi studi e delle sue ultime esperienze di lavoro, mentre lui fa delle domande sull'azienda e sulla posizione. Alla fine comunichi la tua decisione. Attenzione: il colloquio deve durare almeno 3 minuti.

33 Feste e tradizioni

Lessico utile

albero di Natale	il Capodanno	il Carnevale
decorare ➜ decorazioni	il cenone di Natale / di Capodanno	tradizioni
festeggiare	regalare ➜ regali	superstizioni ➜ superstizioso
il Natale	sopravvivere	miracolo
	Epifania / la Befana	leggenda
	credenze religiose	sagra
		fuochi d'artificio
a Natale	*a Capodanno*	*aprire / scartare i regali*
a Carnevale	*a Pasqua*	*scambiarsi gli auguri / i regali*

1. Descrivi e commenta la foto grigia.
2. In coppia. Quali sono le principali feste religiose nel vostro paese? Quale preferite e perché?
3. Come si festeggia il Natale e il Capodanno nel tuo paese? Cosa si mangia, dove si va, quando si aprono i regali? Scambiatevi informazioni.
4. Leggi l'infografica a pag. 64: quale informazione ti colpisce? Poi in coppia discutete: siete d'accordo che le feste possono essere anche causa di stress? Motivate le vostre risposte.
5. Secondo te, il Natale è soprattutto una festa religiosa, un momento importante per i bambini e per la famiglia o un'opportunità per fare spese e viaggiare? Scambiatevi idee.

6. Descrivi e commenta la foto blu. Come si festeggia il Carnevale nel tuo paese? Assomiglia di più a quello di Venezia o ad altri? Tu di solito come lo festeggi?

7. Leggi il testo rosso a pag. 75 e poi svolgi il compito.
8. Nella cultura del tuo paese ci sono usanze che portano fortuna o che allontanano la sfortuna? Scambiatevi idee.
9. Descrivi la foto rossa a pag. 63. Che cosa sai del Palio di Siena? In Italia ci sono moltissime feste e sagre popolari, legate a tradizioni locali. Nel tuo paese c'è qualcosa di simile? Scambiatevi informazioni.
10. **Attività**. In coppia, osservate la foto viola e discutete della festa nazionale del vostro paese: che cosa si festeggia, quando e in che modo? Poi confrontatevi con le altre coppie: qual è l'evento più importante della storia del vostro paese?
11. Che importanza hanno tutte queste feste (religiose, nazionali e tradizionali) per una famiglia e per un popolo? Motiva la tua risposta.
12. Hai qualche ricordo particolare di feste recenti o della tua infanzia? Raccontalo in breve.

Situazione: Il Capodanno sta arrivando e discuti con un amico di come trascorrere la serata. Lui propone di andare in centro dove ci sono eventi, fuochi d'artificio ecc. e poi a una festa a casa di amici. Tu, invece, vorresti almeno festeggiare l'arrivo del nuovo anno anche insieme ai tuoi cugini, quindi lo inviti. Alla fine...

34 Medici e salute

Lessico utile

dottore / medico
chirurgo → chirurgia
infermiere/a
il/la paziente
operazione / intervento
ospedale

mascherina
sistema sanitario
medicina
farmacia → farmacista
curarsi
il dolore
cura
studio / ricerca

vaccino → vaccinare
provocare
autismo
morbillo
malattia
assicurazione sanitaria
ipocondriaco
abitudine

correre → corsa
la salute
chirurgia robotica ≠ plastica
psicologo
stanchezza
pressione alta
problema ortopedico

andare dal medico / dallo psicologo
sentirsi in forma

fare una visita / controllo
avere mal di testa / stomaco

prendere medicine
fare le analisi del sangue

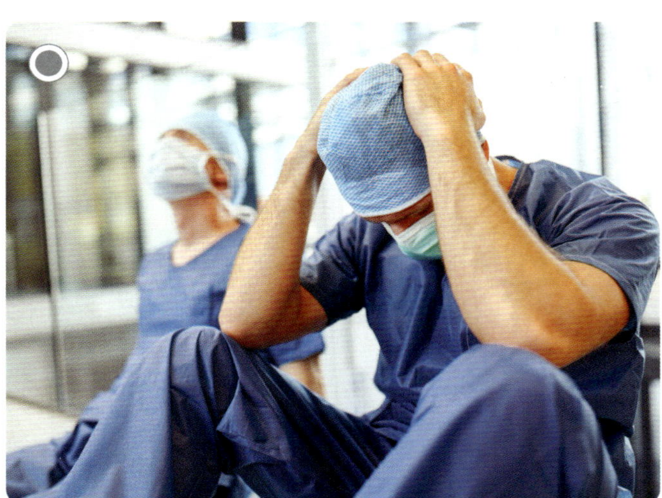

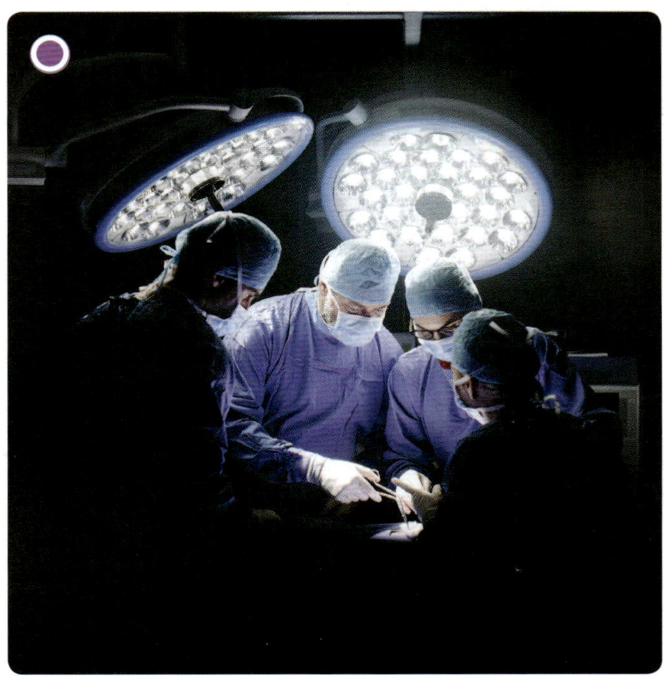

1. Descrivi e commenta la foto viola e quella grigia. Che effetto ti fanno? Cos'è successo nella foto grigia? Scambiatevi idee.
2. In coppia. Cosa pensate del sistema sanitario del vostro paese? Quali sono i problemi maggiori? Poi confrontatevi con le altre coppie.
3. Descrivi la foto gialla.
4. Ti capita di chiedere consigli medici al farmacista invece di chiedere a un medico, oppure no e perché? Chiedi spesso a parenti e amici? Scambiatevi idee.
5. In coppia. Voi in quali occasioni prendete delle medicine e quando consultate un medico? Avete mai cercato informazioni online o no e perché? Poi confrontatevi con le altre coppie.
6. Leggi il testo blu e il compito a pag. 71.

7. **Attività**. In coppia o in due gruppi, osservate l'infografica e fate al vostro compagno o a un membro dell'altro gruppo una domanda su una delle informazioni lette (ad es. "Tu che cosa.../Hai mai...?"). Se la sua risposta dura almeno 5 secondi, vince un punto. Poi il turno passa all'altro. Vediamo chi arriva per primo a 3 punti.
8. Descrivi e commenta la foto verde. Perché sempre più persone fanno sport oggi? Scambiatevi idee.
9. **Attività**. Discutete in coppia: quante cose fate per la vostra salute? E cosa fate anche se sapete che non fa bene? Poi tutti insieme preparate una piccola statistica: quali sono le buone e cattive abitudini più diffuse?
10. La scienza ci promette una vita più lunga, con meno problemi di salute: nuove cure e medicine, chirurgia robotica, chirurgia plastica ecc. Che cosa sai e cosa pensi di questa prospettiva? Scambiatevi idee.

11. Descrivi e commenta la foto blu. Perché tante persone hanno bisogno di uno psicologo? Tu sei mai andato/ci andresti? Scambiatevi idee.
12. Generalmente che cosa pensi dei medici e degli infermieri? Come immagini la loro vita? Hai qualche esperienza positiva o negativa che vorresti raccontare?

Situazione: Ultimamente tuo padre/tua madre non si sente molto bene: stanchezza/pressione alta /un problema ortopedico o agli occhi/altro. Ma per pigrizia o per paura non si decide ad andare dal medico, perché "tanto, mi darà delle medicine". Tu cerchi di convincerlo/a a cambiare idea perché sei preoccupato...

Wellness e Benessere

solo il **30%** si sente in ottima forma

il 20% si sente nel complesso in forma

La forma non dipende dall'età

20% Millennials

40% Senior

Salute come "Fissazione"

il 18% (9 mln) degli italiani è ossessionato dalla salute

il 49% ha paura di avere una malattia improvvisa e di non potersi curare

il 79% degli ipocondriaci è convinto di non essere in salute

Web e Fake News

il 29% ha creduto almeno una volta a una web fake news su salute e benessere

34% i giovani che cadono maggiormente nell'inganno

Fonti:

91% molta fiducia nei medici e farmacisti

36% meno nel web e nei social

Assicurazioni sulla salute

il 66% ritiene interessanti le nuove assicurazioni

il 40% non ha mai attivato un'assicurazione sulla salute

l'11% ha firmato, negli ultimi 12 mesi, un'assicurazione privata per pagare le spese mediche

Fonte: *nonsolofitness.org*

35 Tempo e ambiente

Lessico utile

maltempo
pioggia
temporale
neve
le previsioni
sereno ≠ nuvoloso
variabile
freddo ≠ caldo
venti
temperatura
acqua alta
il canale
marea
incendio
vigili del fuoco / pompieri
fuoco
cambiamento climatico
il clima
rubinetto
spreco
decomporsi
riciclare
il bidone
rifiuto
tonnellate
raccolta differenziata
plastica
fonti di energia rinnovabili

al nord nevicherà
al centro / al sud pioverà
le temperature saranno...
domani sarà sereno...

1. Descrivi e commenta la foto gialla.
2. Quanto spesso controlli le previsioni del tempo, come e perché? Sono giuste di solito? Scambiatevi idee.
3. In coppia, osservate la cartina. Che tempo farà domani in Italia? Ognuno sceglie una zona (Nord, Centro o Sud) e descrive le previsioni.
4. **Attività**. Spesso il tempo ci può rovinare una giornata, una gita, perfino le vacanze. Ognuno ha 10-20 secondi per raccontare un'esperienza andata male a causa del maltempo. Poi votate la storia migliore.
5. Descrivi e commenta la foto blu. Che cosa sai del fenomeno dell'acqua alta a Venezia? Scambiatevi informazioni.
6. Piogge intense, aumento della temperatura, incendi e fenomeni estremi sono sempre più frequenti. Puoi raccontare qualche evento successo nel tuo paese o nel mondo? Scambiatevi informazioni.

Fonte: *nonsolofitness.org*

7. In coppia, leggete il testo blu a pag. 76 e scegliete uno dei consigli. Poi chiudete i libri e a turno riassumete il punto scelto, cercando di parlare ciascuno per 10 secondi.
8. **Attività**. Confrontatevi in due gruppi/in coppia. Quali vostre azioni quotidiane fanno male all'ambiente? Cosa fate, invece, per proteggerlo? Vediamo quale coppia/gruppo penserà a più azioni, positive e negative.
9. Descrivi la foto verde. Tu che cosa ricicli? Com'è il sistema di riciclaggio nella tua città e come si comportano i cittadini? Scambiatevi idee.
10. Leggi l'infografica viola: quale dato ti colpisce di più? Poi descrivi e commenta la foto grigia.
11. In coppia. Perché sono importanti le fonti di energia rinnovabile? Quale considerate la più efficace e qual è più diffusa nel vostro paese? Poi confrontatevi con le altre coppie.
12. Come credi che sarà il nostro pianeta fra 20 e 50 anni e quanto influenzerà la nostra vita il clima? Scambiatevi idee.

Situazione: Per la fretta butti una bottiglia di plastica in un cestino e non nell'apposito bidone per la raccolta differenziata e un amico ti rimprovera. Ti difendi e spieghi tutto quello che fai per la difesa dell'ambiente. Lui fa lo stesso.

Car sharing è più econom
https://www.virgilio.it/car-sharing-in-italia-ecco-le-citta-in-cui-esiste-1628

PGCASA | PAGINEBIANCHE | DI LEI | SI VIAGGIA | TUTTOCITTÀ | QUIFINANZA | BUONISSIMO | SUPEREVA | NEWS ONLINE

in Italia magazine

ECCELLENZE | ARTE E CULTURA | CURIOSITÀ | TERRITORIO
LIFESTYLE | EVENTI E SAGRE | LA TUA CITTÀ | SI VIAGGIA

HOME | LIFESTYLE

Car sharing in Italia: ecco le città in cui esiste

Il car sharing è più economico. Mantenere un'automobile costa. Grazie ai servizi di mobilità condivisa si paga soltanto l'effettivo utilizzo del veicolo. In questo modo è possibile abbassare le spese legate al possesso di un'auto propria, senza rinunciare alla comodità di usarla.

Il car sharing quindi conviene a tutti. Riducendo il numero di automobili in circolazione, questa forma di mobilità offre una soluzione anche ai problemi di traffico e alla ricerca del parcheggio nelle grandi città.

Il car sharing è più ecologico. Se amate l'ambiente, utilizzare un servizio di sharing mobility è un modo per dimostrarlo. Non solo perché diminuiscono le auto su strada, ma anche perché di solito le macchine condivise sono elettriche.

Come funziona? Grazie a un abbonamento, è possibile prenotare l'auto online ogni volta che serve. Le macchine devono essere prese e lasciate in un parcheggio convenzionato e si paga in base al tempo, ai chilometri effettuati e al modello dell'auto scelto.

adattato da: *www.virgilio.it*

Ricevi i seguenti messaggi da tua madre.

Nuovi messaggi

Mamma 00:50

Scusa se ti scrivo a quest'ora, ma non riesco a smettere di pensare a quello che mi hai detto.

Ti prego di pensarci bene, la gente non divorzia così su due piedi. Posso immaginare come ti senti, ma un matrimonio non è una storia di poche settimane.

E poi, non pensi a tuo figlio?! Credi che sarà facile per lui?

Lo so che tante persone oggi si separano, ma questo non rende più facile né la tua decisione né le conseguenze. Ascolta tua madre, dai tempo al tempo e capirai meglio qual è la cosa giusta.

Aa    

Il giorno dopo chiami tua madre e:

- spieghi i motivi di questa crisi
- chiedi scusa se hai esagerato
- la ringrazi per il suo messaggio
- la informi di quello che pensi di fare

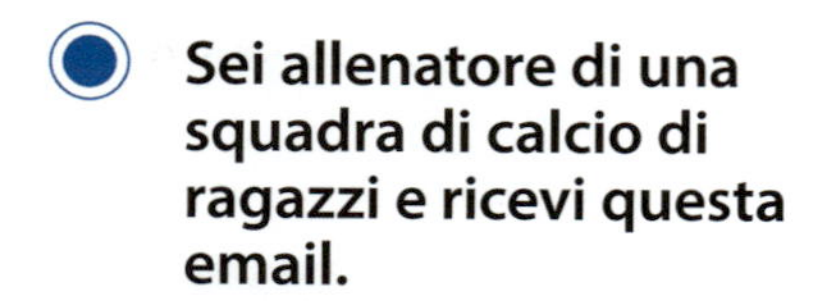

Sei allenatore di una squadra di calcio di ragazzi e ricevi questa email.

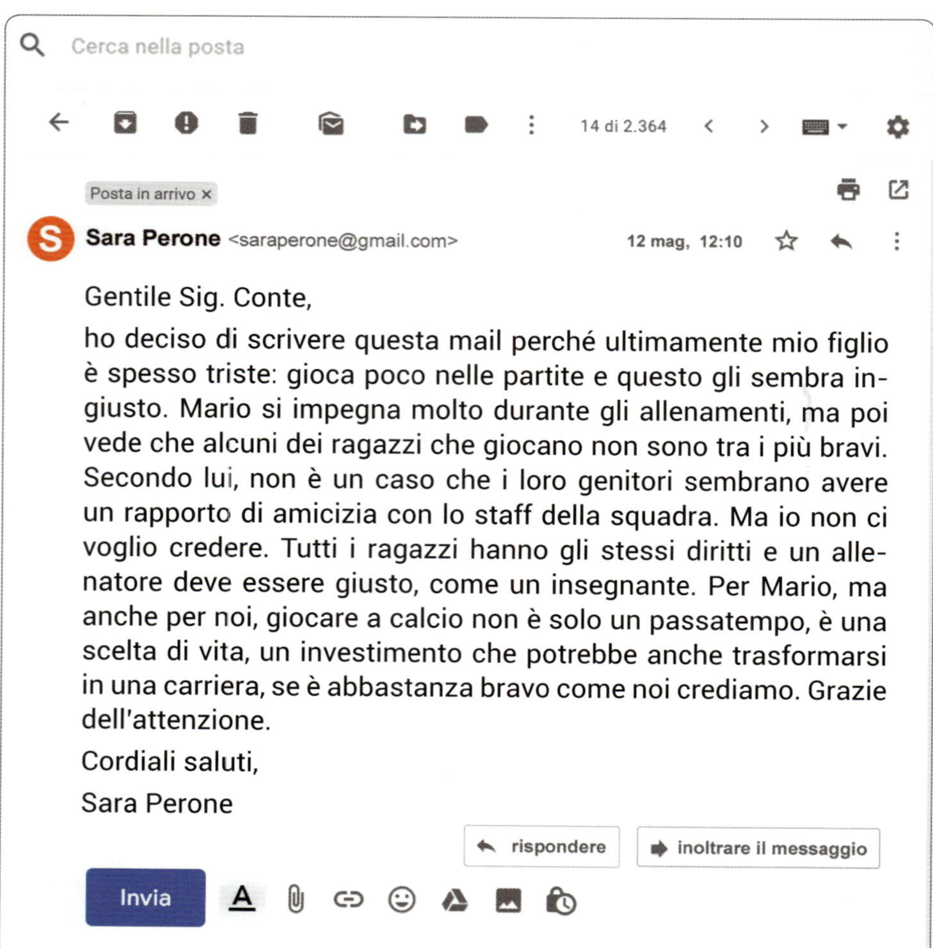

Gentile Sig. Conte,

ho deciso di scrivere questa mail perché ultimamente mio figlio è spesso triste: gioca poco nelle partite e questo gli sembra ingiusto. Mario si impegna molto durante gli allenamenti, ma poi vede che alcuni dei ragazzi che giocano non sono tra i più bravi. Secondo lui, non è un caso che i loro genitori sembrano avere un rapporto di amicizia con lo staff della squadra. Ma io non ci voglio credere. Tutti i ragazzi hanno gli stessi diritti e un allenatore deve essere giusto, come un insegnante. Per Mario, ma anche per noi, giocare a calcio non è solo un passatempo, è una scelta di vita, un investimento che potrebbe anche trasformarsi in una carriera, se è abbastanza bravo come noi crediamo. Grazie dell'attenzione.

Cordiali saluti,

Sara Perone

Chiami la signora Perone e gentilmente le spieghi che:

- **valuti i ragazzi solo con criteri sportivi**
- **tutti i ragazzini vogliono giocare di più**
- **lo sport è importante per la salute e per il carattere di un adolescente, meglio non pensare ancora "alla carriera"**

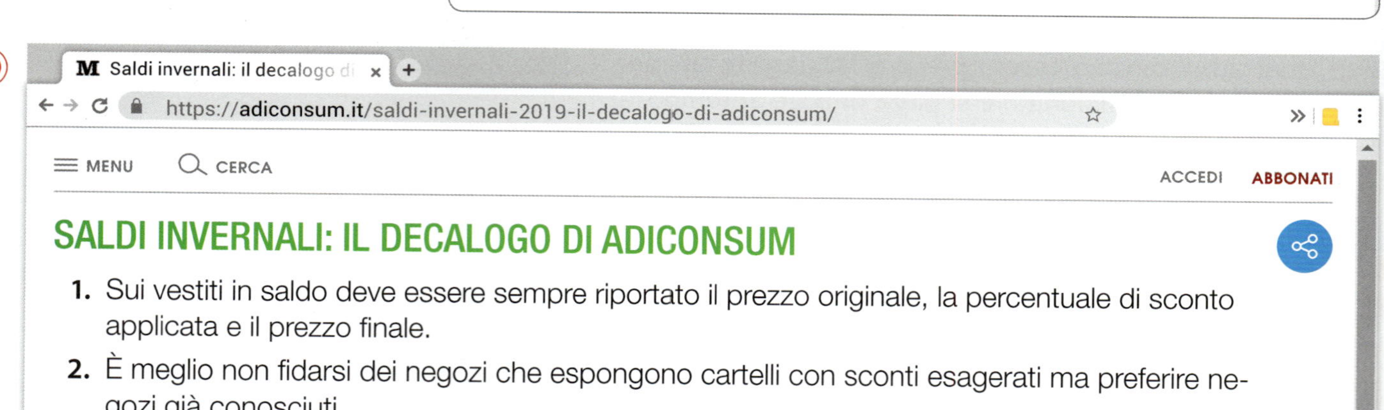

SALDI INVERNALI: IL DECALOGO DI ADICONSUM

1. Sui vestiti in saldo deve essere sempre riportato il prezzo originale, la percentuale di sconto applicata e il prezzo finale.
2. È meglio non fidarsi dei negozi che espongono cartelli con sconti esagerati ma preferire negozi già conosciuti.
3. Fate attenzione alla merce venduta a prezzo pieno insieme alla merce in sconto.
4. Confrontate i prezzi con quelli di altri negozi e segnate il prezzo di un prodotto che vi interessa.
5. Verificate che il prodotto in offerta in vetrina sia lo stesso che trovate dentro il negozio.
6. I negozi che espongono il simbolo del pagamento con bancomat e carte di credito devono permetterlo anche nel periodo dei saldi.
7. Non fidatevi dei vestiti che possono essere solo guardati e non provati.
8. Ricordate che il negoziante è obbligato a cambiare il prodotto.
9. Conservate sempre lo scontrino per eventuali cambi.
10. Fate una lista delle cose che volete acquistare: vi aiuterà a evitare quegli acquisti spesso non necessari.

adattato da: *www.adiconsum.it*

Un tuo amico ti dice che pensa di non vaccinare sua figlia perché ha sentito che potrebbe essere pericoloso. In rete trovi diversi articoli come questo:

«Il vaccino causa l'autismo»: da dove nasce la fake news

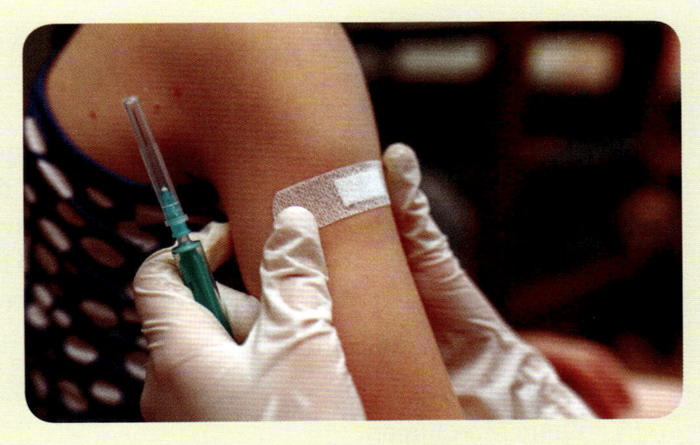

Lo studio del medico inglese Andrew Wakefield che lega l'autismo e i vaccini si può considerare 'la madre di tutte le bufale' in questo campo. Lo hanno pubblicato sulla rivista *Lancet* nel 1998 ma qualche anno dopo lo hanno ritirato. Decine di ricerche l'hanno smentito, eppure è ancora il più citato dalle associazioni contro le vaccinazioni (i no vax).

Wakefield aveva condotto la sua ricerca su solo 12 bambini, alcuni già diagnosticati con autismo e tutti figli di famiglie di antivaccinisti. Secondo lo studio, il vaccino per il morbillo poteva provocare l'autismo per qualche misterioso motivo. La grande diffusione della teoria ha fatto diminuire i vaccinati in Europa e ha causato l'aumento del numero dei casi e dei morti per morbillo!

Negli anni successivi diversi studi hanno dimostrato che la ricerca non aveva basi scientifiche, e un'indagine ha scoperto che Wakefield aveva accordi con gli avvocati delle famiglie, mentre aveva preparato un suo vaccino "sicuro"! Anche se sappiamo che non è vero niente, ancora oggi, la paura dell'autismo continua purtroppo a circolare.

adattato da: www.ansa.it

Chiami il tuo amico e:
- **gli riassumi in breve ciò che hai letto**
- **rispondi alle sue domande e ai suoi dubbi**
- **cerchi di convincerlo a chiedere a un esperto**
- **lo inviti a non credere a ciò che legge sui social**

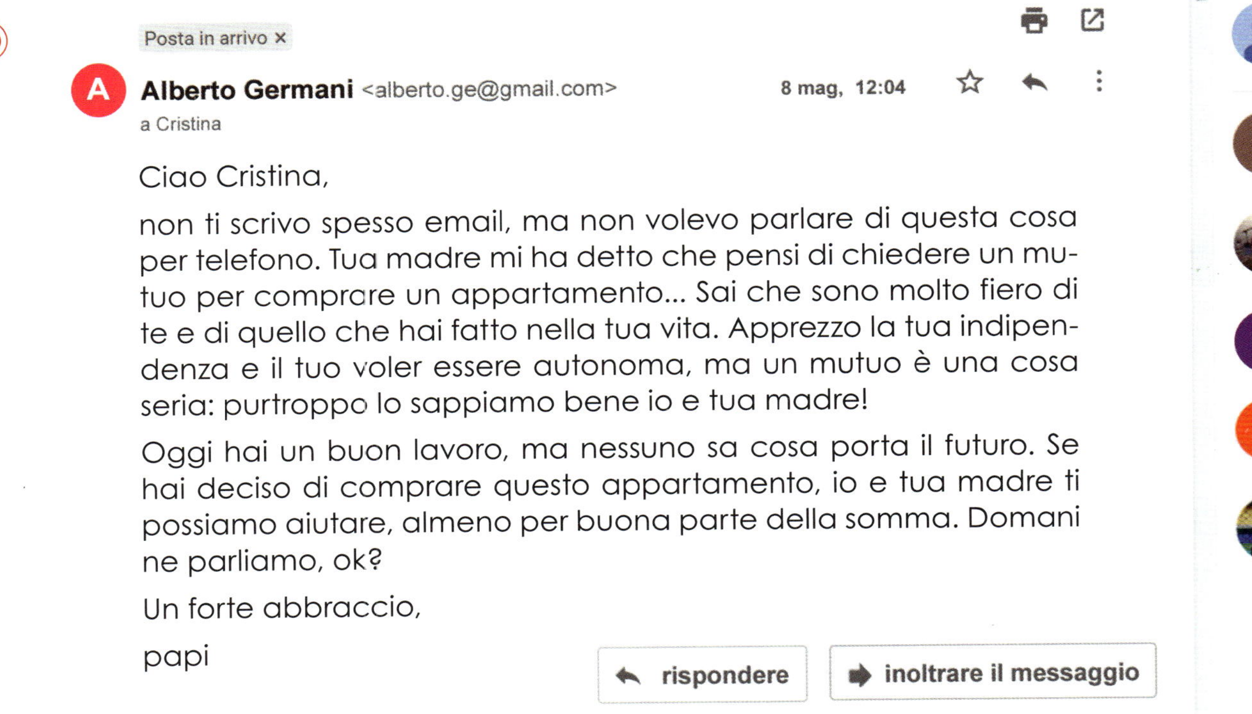

Posta in arrivo ×

Alberto Germani <alberto.ge@gmail.com> **8 mag, 12:04**

a Cristina

Ciao Cristina,

non ti scrivo spesso email, ma non volevo parlare di questa cosa per telefono. Tua madre mi ha detto che pensi di chiedere un mutuo per comprare un appartamento... Sai che sono molto fiero di te e di quello che hai fatto nella tua vita. Apprezzo la tua indipendenza e il tuo voler essere autonoma, ma un mutuo è una cosa seria: purtroppo lo sappiamo bene io e tua madre!

Oggi hai un buon lavoro, ma nessuno sa cosa porta il futuro. Se hai deciso di comprare questo appartamento, io e tua madre ti possiamo aiutare, almeno per buona parte della somma. Domani ne parliamo, ok?

Un forte abbraccio,

papi

rispondere | inoltrare il messaggio

Sei il/la responsabile dell'assistenza clienti di una compagnia aerea e ricevi questa email.

Posta in arrivo ×

Elena Marchigiani <elenamarchigiani@gmail.com> 12 mag, 12:10

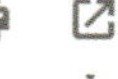

Gentile Sig.ra,

sono una fedele cliente della vostra compagnia e ieri ho fatto il volo Torino – Napoli. Come probabilmente sa, il volo è partito con ben due ore di ritardo! Di conseguenza ho perso un appuntamento importante, un colloquio di lavoro! Non so ancora se e quando potrò ripetere il colloquio, ma di sicuro ho perso un giorno di lavoro, i soldi che ho speso per il biglietto e forse un'opportunità professionale. Vorrei conoscere la politica della vostra azienda in questi casi.

Grazie per l'attenzione.

Cordialmente,

Elena Marchigiani

334 57485766

Chiami la donna e:

- **le chiedi scusa per quanto è successo**
- **le spieghi i motivi del ritardo**
- **le offri un biglietto per un altro volo**

CORSI SENIOR

La nostra scuola è specializzata in corsi d'italiano per adulti e seniors in Italia. Il programma che offriamo agli over 50 è flessibile ed è perfetto per rispondere agli interessi degli studenti adulti che riguardano soprattutto argomenti culturali come storia, arte, architettura, natura, gastronomia e vini.

Non è mai troppo tardi per imparare l'italiano o per accrescere le proprie competenze linguistiche: inoltre, secondo gli scienziati, nessun'altra attività tiene "in allenamento il cervello" come lo studio di una lingua straniera.

Il corso d'italiano per adulti over 50 mira soprattutto a sviluppare l'abilità alla conversazione. I materiali del corso sono interessanti e motivanti e stimolano il confronto in classe; i metodi che i nostri insegnanti utilizzano mirano a creare un'atmosfera rilassante con lo scopo di rendere più piacevole l'apprendimento della lingua italiana.

richiedi informazioni | iscriviti al corso

adattato da: *www.porta-doriente.com*

4 cose da non fare quando cercate lavoro

Da **Anna** • 3rd+
Editor a Linkedin News
Aggiornato 2 ore fa

Non usate sempre lo stesso CV

Meglio limitare le candidature, ma adattare il CV alle posizioni che vi interessano. Ogni lavoro richiede competenze diverse, quindi cercate sempre di sottolineare le più adatte. Quindi, meno CV ma più mirati.

Non riciclate le lettere di presentazione

Anche la lettera di presentazione deve essere fatta su misura: è fondamentale per ottenere un colloquio, ma altrettanto importante è essere originali. Prendetevi il tempo necessario per scrivere una lettera per ciascuna posizione che vi interessa.

Non candidatevi per qualsiasi posizione

Rispondere a ogni annuncio è una perdita di tempo. E se la posizione richiede competenze che voi non avete, il recruiter se ne accorgerà. È meglio concentrarsi su meno offerte, ma più adatte al vostro background professionale.

Attenzione al vostro profilo social

Ormai è una pratica comune, tra i recruiter, andare a leggere i profili social dei candidati. Se usate i social network come diario personale meglio evitare di rendere pubblico il vostro profilo. In alternativa, eliminate i contenuti che potrebbero crearvi problemi.

adattato da: *www.it.jobrapido.com*

Di: Antonio
Autore

Privacy Social Media Social Network

LIKE SUI SOCIAL

5 febbraio

Chi non ha mai controllato continuamente le notifiche dello smartphone per vedere quanti like, commenti, condivisioni ha ricevuto il suo ultimo post? Secondo *Kaspersky Lab*, lo fa più della metà delle persone. Dalla ricerca, gli studiosi hanno visto che il fatto di non ricevere il numero di like previsto può creare un senso di ansia e delusione. Gli uomini, in particolare, sembrano diventare spesso tristi quando un loro post non ha molto successo. La delusione è ancora maggiore se non arrivano i like delle persone care o da quelle che ci interessano in modo particolare. Per non parlare della sensazione di gelosia se gli amici hanno già messo mi piace ai post di qualcun altro e non ai nostri.

adattato da: *www.insidemarketing.it*

Ricevi questo messaggio dal tuo/dalla tua partner.

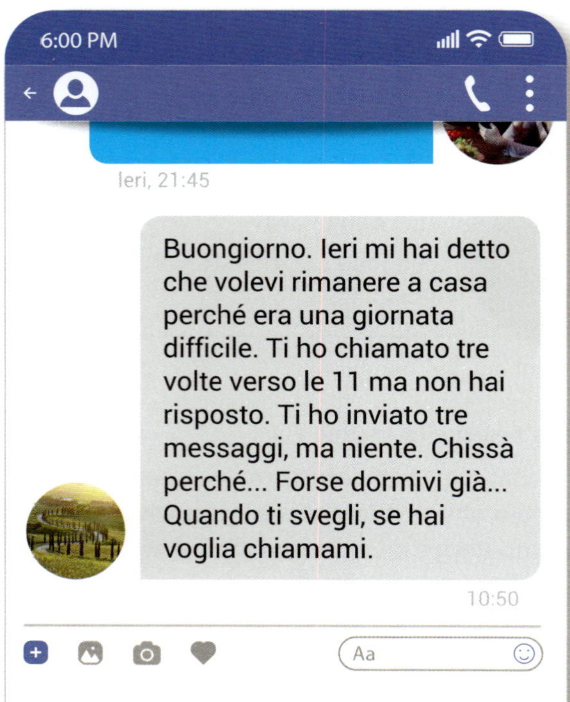

Lo/la chiami e:

- **chiedi di non dubitare di te**
- **spieghi che dormivi già**
- **che il tuo cellulare era scarico**
- **rispondi alle sue domande**
- **decidete di vedervi**

Cara Donna Moderna,

da anni sono una vostra fedele lettrice. Leggo quasi tutte le rubriche e spesso cerco di seguire i vostri consigli. Un mese fa ho letto sul vostro sito della nuova dieta preferita da molte star di Hollywood e ho deciso di seguirla. Risultato? In sole due settimane ho perso 6 chili, però avevo mal di pancia e mi sentivo molto debole. Un amico medico mi ha consigliato di smettere subito e mi ha detto che anche altre persone hanno avuto problemi simili. Vi scrivo solo per raccontare la mia esperienza a voi e agli altri lettori. Grazie per l'attenzione.

Rosaria,
Reggio Calabria

wikiHow

Gli amici ti invitano, ma sei indeciso: che fare?

1

- Non costringere te stesso a uscire per paura della reazione degli altri. Cerca solo di essere gentile e onesto e digli che sarà per la prossima volta.
- Non preoccuparti del fatto che potrebbero decidere di non invitarti più: se sono dei veri amici, lo faranno. Certo... A volte anche i buoni amici si stufano di chiedere, se ogni volta ricevono un rifiuto.
- Se i tuoi amici ti raccontano di quanto si sono divertiti, sorridi e chiedigli di dirti tutto. Non essere triste, ci saranno altre occasioni per uscire e divertirti.
- Se hai del lavoro da svolgere e non sei sicuro se riuscirai a uscire o no, è meglio cercare di finire quello che devi fare, soprattutto se non sei nemmeno sicuro che ti divertirai se esci.

adattato da: *www.wikihow.it*

Un amico ti consiglia un albergo in cui si è trovato benissimo. Tu per essere sicuro cerchi dei commenti online e tra i vari positivi trovi anche questo:

58

Cosa non è piaciuto

- A causa di un'incomprensione con una persona dello staff, non abbiamo potuto usare la jacuzzi all'aperto perché era chiusa, cosa che però non era segnalata. Purtroppo, l'abbiamo scoperto con un certo imbarazzo, già in costume da bagno, solo poco prima di usarla! Stessa cosa per la sala fitness: gli orari non erano segnalati e il receptionist ci ha detto che non era possibile utilizzarla prima delle 10 a causa di motivi tecnici... peccato che il nostro check out era alle 9!
- Albergo in pieno centro storico, quindi c'è un po' di rumore la mattina presto (motorini, macchine e mezzi pubblici), ma è inevitabile.
- A colazione i prodotti sono tanti, ma non molto freschi.

Chiami il tuo amico e:

- **discuti con lui i commenti negativi**
- **gli chiedi quali sono gli aspetti positivi della sua esperienza**
- **gli dici cosa pensi di fare**

Su internet trovi questo articolo.

Il Sangue di San Gennaro non si scioglie? È quello il momento in cui i napoletani tremano. Leggenda, superstizione, avvenimenti storici realmente accaduti: tutto si mescola quando si parla del miracolo della liquefazione* del sangue del santo protettore di Napoli. Per tre volte all'anno San Gennaro fa il suo miracolo. Quando in queste tre occasioni il sangue non si scioglie, i napoletani ricordano le disgrazie del passato.

Nel 1940: il sangue non si è sciolto e la Seconda Guerra Mondiale ha ucciso molte persone. Lo stesso è accaduto nel settembre del 1943, quando i nazisti hanno occupato la città. E poi nel settembre del 1973, quando a Napoli c'è stata l'epidemia di colera. Tutti ricordano il settembre del 1980, anno del devastante terremoto in Irpinia. In tutti questi casi il miracolo del sangue non è avvenuto. Andando ancora più indietro nel tempo, il miracolo non è avvenuto neanche quando ci sono state eruzioni del Vesuvio, guerre e terremoti.

**trasformazione di una sostanza solida in liquida*

adattato da: *www.fanpage.it*

Ne discuti con un amico napoletano e:

- **chiedi se anche lui crede al miracolo e perché**
- **cerchi di capire se generalmente è superstizioso**
- **racconti credenze simili nel tuo paese**

COME SALVARE L'AMBIENTE: POCHE MOSSE PER UN FUTURO MIGLIORE

Salvare l'ambiente è ancora possibile, ma è importante che tutti ci impegniamo a fare piccole cose durante la giornata.

Fare la raccolta differenziata

Differenziare i rifiuti e cercare di produrne sempre meno, significa riciclare ciò che abbiamo utilizzato. Evitare gli sprechi, senza dare vita a nuovi possibili rifiuti che potrebbero inquinare mari, oceani, parchi e foreste.

Diminuire ogni genere di spreco

Chiudere il rubinetto mentre laviamo i denti, non aprire il frigorifero di continuo ma prendere il necessario un'unica volta e spegnere la luce se non serve.

Andare in bicicletta più spesso

Perché prendere l'auto per andare a lavoro, per andare a fare la spesa o per andare a casa di amici se si può prendere la bici? Riduciamo l'inquinamento e facciamo anche del bene al nostro corpo che rimane in forma.

Scegliere il Plastic free

Perché utilizzare la plastica se sono disponibili altri materiali? Ormai, la plastica è presente in ogni oggetto, indumento e persino alimento che conosciamo, ma sono presenti sul mercato materiali in grado di decomporsi naturalmente in natura.

adattato da: *www.salatipreziosi.it*

La nuova **Prova orale 1**

Leggi all'avversario 4 parole del riquadro arancione dietro. Se indovina il titolo dell'unità (guardando l'indice se necessario), vince 2 punti. Se ci riesce dopo 6 parole ne vince 1. Se non indovina, vinci tu 1 punto.

Leggi all'avversario le parole del riquadro grigio dietro. Se riesce a formare una frase sull'argomento con almeno 3 di queste parole, vince 1 punto.

Unità 1 – 4

La nuova **Prova orale 1**

L'avversario deve descrivere la foto indicata dietro. Se riesce a parlare per 5 secondi vince 1 punto.
Se parla per 10 secondi ne vince 2.

Scegli uno dei titoli delle unità dietro e dillo all'avversario: se ricorda almeno 5 parole del lessico utile vince 1 punto.

Unità 1 – 4

La nuova **Prova orale 1**

Fai all'avversario una domanda di una delle unità indicate dietro. Se riesce a rispondere e a parlare per almeno 5 secondi, vince 1 punto.

L'avversario deve descrivere la foto indicata dietro. Se riesce a parlare per 5 secondi vince 1 punto.
Se parla per 10 secondi ne vince 2.

Unità 1 – 10

La nuova **Prova orale 1**

Scegli uno dei titoli delle unità dietro e dillo all'avversario: se ricorda almeno 5 parole del lessico utile vince 1 punto.

Descrivi all'avversario la foto indicata dietro (senza usare la parola vietata). Se indovina il titolo dell'unità (guardando l'indice se necessario), vincete entrambi 1 punto.

Unità 1 – 10

La nuova **Prova orale 1**

Leggi all'avversario le parole del riquadro arancione dietro. Se riesce a formare una frase sull'argomento con almeno 3 di queste parole, vince 1 punto.

Leggi all'avversario 4 parole del riquadro grigio dietro. Se indovina il titolo dell'unità (guardando l'indice se necessario), vince 2 punti. Se ci riesce dopo 6 parole ne vince 1. Se non indovina, vinci tu 1 punto.

Unità 1 – 10

La nuova **Prova orale 1**

L'avversario deve descrivere una delle due foto indicate dietro. Se riesce a parlare per 5 secondi vince 1 punto. Se parla per 10 secondi ne vince 2.

Fai all'avversario una domanda di una delle unità indicate dietro. Se riesce a rispondere e a parlare per almeno 5 secondi, vince 1 punto.

Unità 1 – 10

La nuova **Prova orale 1**

Fai all'avversario una domanda di una delle unità indicate dietro. Se riesce a rispondere e a parlare per almeno 5 secondi, vince 1 punto.

L'avversario deve descrivere una delle due foto indicate dietro. Se riesce a parlare per 5 secondi vince 1 punto.
Se parla per 10 secondi ne vince 2.

Unità 5 – 15

La nuova **Prova orale 1**

Leggi all'avversario 4 parole del riquadro rosso dietro. Se indovina il titolo dell'unità (guardando l'indice se necessario), vince 2 punti. Se ci riesce dopo 6 parole ne vince 1. Se non indovina, vinci tu 1 punto.

Leggi all'avversario le parole del riquadro blu dietro. Se riesce a formare una frase sull'argomento con almeno 3 di queste parole, vince 1 punto.

Unità 5 – 15

Istruzioni a pag. 77

La nuova **Prova orale 1**

A scuola
Professioni
Musica

Foto blu a pag. 15
(~~errore~~)

EDILINGUA

La nuova **Prova orale 1**

Unità 4
oppure
Unità 5

Foto grigia a pag. 12

EDILINGUA

La nuova **Prova orale 1**

Foto rossa a pag. 11

Mi presento
La mia famiglia
Gli amici

EDILINGUA

La nuova **Prova orale 1**

fratello	genitori
grande	felice
sposato	giovane

simpatico	sincera
allegro	compagnia
parlare	uscire

EDILINGUA

La nuova **Prova orale 1**

accendere	spegnere
canale	pubblicità
film	schermo

opera	radio
palco	violino
pubblico	classica

EDILINGUA

La nuova **Prova orale 1**

Unità 10
oppure
Unità 11

Foto gialla a pag. 19
oppure
Foto rossa a pag. 15

EDILINGUA

La nuova **Prova orale 1**

Foto rossa a pag. 18
oppure
Foto rossa a pag. 16

Unità 7
oppure
Unità 9

EDILINGUA

La nuova **Prova orale 1**

lavagna	interrogare
greco antico	alunno
compiti	scuola
	superiore

famoso	calciatore
successo	carriera
comico	cantante

EDILINGUA

La nuova Prova orale 1

Fai all'avversario una domanda di una delle unità indicate dietro. Se riesce a rispondere e a parlare per almeno 5 secondi, vince 1 punto.

Insieme all'avversario svolgi la situazione che trovi nell'unità indicata dietro. Se ci riuscite, vincete entrambi 1 punto.

Unità 5 – 15

La nuova Prova orale 1

Scegli uno dei titoli delle unità dietro e dillo all'avversario: se ricorda almeno 5 parole del lessico utile vince 1 punto.

Descrivi all'avversario la foto indicata dietro (senza usare la parola vietata). Se indovina il titolo dell'unità (guardando l'indice se necessario), vince-te entrambi 1 punto.

Unità 5 – 15

La nuova Prova orale 1

Scegli uno dei titoli delle unità dietro e dillo all'avversario: se ricorda almeno 5 parole del lessico utile vince 1 punto.

Descrivi all'avversario la foto indicata dietro (senza usare la parola vietata). Se indovina il titolo dell'unità (guardando l'indice se necessario), vince-te entrambi 1 punto.

Unità 10 – 20

La nuova Prova orale 1

Fai all'avversario una domanda di una delle unità indicate dietro. Se riesce a rispondere e a parlare per almeno 5 secondi, vince 1 punto.

Insieme all'avversario svolgi la situazione che trovi nell'unità indicata dietro. Se ci riuscite, vincete entrambi 1 punto.

Unità 10 – 20

La nuova Prova orale 1

Leggi all'avversario le parole del riquadro arancione dietro. Se riesce a formare una frase sull'argomento con almeno 3 di queste parole, vince 1 punto.

Leggi all'avversario 4 parole del riquadro grigio dietro. Se indovina il titolo dell'unità (guardando l'indice se necessa-rio), vince 2 punti. Se ci riesce dopo 6 parole ne vince 1. Se non indovina, vinci tu 1 punto.

Unità 10 – 20

La nuova Prova orale 1

Insieme all'avversario svolgi la situazione che trovi nell'unità indicata dietro. Se ci riuscite, vincete entrambi 1 punto.

L'avversario deve descrivere una delle due foto indicate dietro. Se riesce a parlare per 5 secondi vince 1 punto. Se parla per 10 secondi ne vince 2.

Unità 10 – 20

La nuova Prova orale 1

Leggi all'avversario 4 parole del riquadro arancione dietro. Se indovina il titolo dell'unità (guardando l'indice se necessa-rio), vince 2 punti. Se ci riesce dopo 6 parole ne vince 1. Se non indovina, vinci tu 1 punto.

Leggi all'avversario le parole del riquadro grigio dietro. Se riesce a formare una frase sull'argomento con almeno 3 di queste parole, vince 1 punto.

Unità 15 – 25

La nuova Prova orale 1

L'avversario deve descrivere una delle due foto indicate dietro. Se riesce a parlare per 5 secondi vince 1 punto. Se parla per 10 secondi ne vince 2.

Fai all'avversario una doman-da di una delle unità indicate dietro. Se riesce a rispondere e a parlare per almeno 5 se-condi, vince 1 punto.

Unità 15 – 25

La nuova Prova orale 1
Unità 13
oppure
Unità 20
Unità 16
EDILINGUA
La nuova Prova orale 1
Guardare la TV
Abbigliamento e moda
Questi ragazzi
Foto blu a pag. 25
(pasta)
EDILINGUA
La nuova Prova orale 1
Una gita
Mezzi pubblici
Tempo libero
Foto blu a pag. 21
(telespettatore)
EDILINGUA
La nuova Prova orale 1
Unità 12
oppure
Unità 8
Unità 11
EDILINGUA
La nuova Prova orale 1
Foto viola a pag. 42
oppure
Infografica a pag. 32
Unità 16
oppure
Unità 22
EDILINGUA
La nuova Prova orale 1
giovane videogioco
idolo interessi
minorenne responsabile
spettatore scena
fantascienza palcoscenico
poliziesco regista
EDILINGUA
La nuova Prova orale 1
Unità 19
Foto gialla a pag. 20
oppure
Foto grigia a pag. 29
EDILINGUA
La nuova Prova orale 1
cucciolo bisogni
affettuoso accarezzare
proprietario zampe
edicola romanzo
mensile copertina
trama scrittore
EDILINGUA

La nuova **Prova orale 1**

L'avversario ha 20-30 secondi per rileggere il testo indicato dietro. Se riesce a riassumerlo, parlando per 10 secondi, vince 1 punto.

Insieme all'avversario svolgi la situazione che trovi nell'unità indicata dietro. Se ci riuscite, vincete entrambi 1 punto.

Unità 15 – 25

La nuova **Prova orale 1**

Scegli uno dei titoli delle unità dietro e dillo all'avversario: se ricorda almeno 5 parole del lessico utile vince 1 punto.

Descrivi all'avversario la foto indicata dietro (senza usare la parola vietata). Se indovina il titolo dell'unità (guardando l'indice se necessario), vincete entrambi 1 punto.

Unità 15 – 25

La nuova **Prova orale 1**

L'avversario deve descrivere una delle due foto indicate dietro. Se riesce a parlare per 5 secondi vince 1 punto. Se parla per 10 secondi ne vince 2.

Scegli uno dei titoli delle unità dietro e dillo all'avversario: se ricorda almeno 5 parole del lessico utile vince 1 punto.

Unità 15 – 25

La nuova **Prova orale 1**

L'avversario ha 20-30 secondi per rileggere il testo indicato dietro. Se riesce a riassumerlo, parlando per 10 secondi, vince 1 punto.

Descrivi all'avversario la foto indicata dietro (senza usare la parola vietata). Se indovina il titolo dell'unità (guardando l'indice se necessario), vincete entrambi 1 punto.

Unità 15 – 25

La nuova **Prova orale 1**

L'avversario deve descrivere una delle due foto indicate dietro. Se riesce a parlare per 5 secondi vince 1 punto. Se parla per 10 secondi ne vince 2.

Scegli uno dei titoli delle unità dietro e dillo all'avversario: se ricorda almeno 5 parole del lessico utile vince 1 punto.

Unità 20 – 30

La nuova **Prova orale 1**

Fai all'avversario una domanda di una delle unità indicate dietro. Se riesce a rispondere e a parlare per almeno 5 secondi, vince 1 punto.

Descrivi all'avversario la foto indicata dietro (senza usare la parola vietata). Se indovina il titolo dell'unità (guardando l'indice se necessario), vincete entrambi 1 punto.

Unità 20 – 30

La nuova **Prova orale 1**

Leggi all'avversario le parole del riquadro arancione dietro. Se riesce a formare una frase sull'argomento con almeno 3 di queste parole, vince 1 punto.

Leggi all'avversario 4 parole del riquadro grigio dietro. Se indovina il titolo dell'unità (guardando l'indice se necessario), vince 2 punti. Se ci riesce dopo 6 parole ne vince 1. Se non indovina, vinci tu 1 punto.

Unità 20 – 30

La nuova **Prova orale 1**

L'avversario ha 20-30 secondi per rileggere il testo indicato dietro. Se riesce a riassumerlo, parlando per 10 secondi, vince 1 punto.

Insieme all'avversario svolgi la situazione che trovi nell'unità indicata dietro. Se ci riuscite, vincete entrambi 1 punto.

Unità 20 – 30

La nuova **Prova orale 1**

Testo rosso a pag. 71

Foto gialla a pag. 36
(~~amici~~)

EDILINGUA

La nuova **Prova orale 1**

Foto blu a pag. 45
oppure
Foto blu a pag. 35

I libri e la stampa
Cinema e teatro
Sport

EDILINGUA

La nuova **Prova orale 1**

Amici a quattro zampe
Questi ragazzi
Fare la spesa

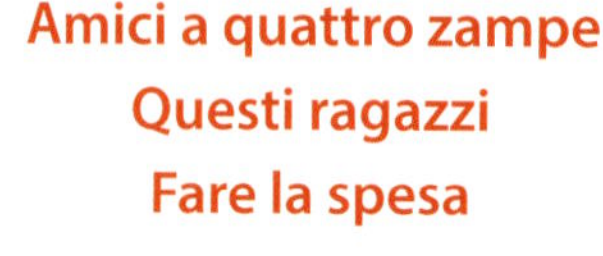

Foto viola a pag. 42
(~~bicicletta~~)

EDILINGUA

La nuova **Prova orale 1**

Testo blu a pag. 74

Unità 17

EDILINGUA

La nuova **Prova orale 1**

Testo verde a pag. 73

Unità 25

EDILINGUA

La nuova **Prova orale 1**

abitazione inquinamento
villetta parcheggio
balcone orto

ansia facoltà
vacanza biblioteca
studio compito
materie

EDILINGUA

La nuova **Prova orale 1**

Unità 24
oppure
Unità 29

Foto blu a pag. 47
(~~vigile urbano~~)

EDILINGUA

La nuova **Prova orale 1**

Foto rossa a pag. 38
oppure
Foto grigia a pag. 46

In giro per negozi
Viaggiando
Una vita sui banchi

EDILINGUA

La nuova Prova orale 1

Leggi all'avversario 4 parole del riquadro arancione dietro. Se indovina il titolo dell'unità (guardando l'indice se necessario), vince 2 punti. Se ci riesce dopo 6 parole ne vince 1. Se non indovina, vinci tu 1 punto.

Leggi all'avversario le parole del riquadro grigio dietro. Se riesce a formare una frase sull'argomento con almeno 3 di queste parole, vince 1 punto.

Unità 20 – 30

La nuova Prova orale 1

Fai all'avversario una domanda di una delle unità indicate dietro. Se riesce a rispondere e a parlare per almeno 5 secondi, vince 1 punto.

L'avversario ha 20-30 secondi per rileggere il testo indicato dietro. Se riesce a riassumerlo, parlando per 10 secondi, vince 1 punto.

Unità 20 – 30

La nuova Prova orale 1

L'avversario deve descrivere una delle due foto indicate dietro. Se riesce a parlare per 5 secondi vince 1 punto. Se parla per 10 secondi ne vince 2.

Fai all'avversario una domanda di una delle unità indicate dietro. Se riesce a rispondere e a parlare per almeno 5 secondi, vince 1 punto.

Unità 25 – 35

La nuova Prova orale 1

Leggi all'avversario 4 parole del riquadro rosso dietro. Se indovina il titolo dell'unità (guardando l'indice se necessario), vince 2 punti. Se ci riesce dopo 6 parole ne vince 1. Se non indovina, vinci tu 1 punto.

Leggi all'avversario le parole del riquadro blu dietro. Se riesce a formare una frase sull'argomento con almeno 3 di queste parole, vince 1 punto.

Unità 25 – 35

La nuova Prova orale 1

L'avversario ha 20-30 secondi per rileggere il testo indicato dietro. Se riesce a riassumerlo, parlando per 10 secondi, vince 1 punto.

Descrivi all'avversario la foto indicata dietro (senza usare la parola vietata). Se indovina il titolo dell'unità (guardando l'indice se necessario), vincete entrambi 1 punto.

Unità 25 – 35

La nuova Prova orale 1

Insieme all'avversario svolgi la situazione che trovi nell'unità indicata dietro. Se ci riuscite, vincete entrambi 1 punto.

Fai all'avversario una domanda di una delle unità indicate dietro. Se riesce a rispondere e a parlare per almeno 5 secondi, vince 1 punto.

Unità 25 – 35

La nuova Prova orale 1

L'avversario deve descrivere una delle due foto indicate dietro. Se riesce a parlare per 5 secondi vince 1 punto. Se parla per 10 secondi ne vince 2.

Leggi all'avversario le parole del riquadro grigio dietro. Se riesce a formare una frase sull'argomento con almeno 3 di queste parole, vince 1 punto.

Unità 25 – 35

La nuova Prova orale 1

L'avversario ha 20-30 secondi per rileggere il testo indicato dietro. Se riesce a riassumerlo, parlando per 10 secondi, vince 1 punto.

Scegli uno dei titoli delle unità dietro e dillo all'avversario: se ricorda almeno 5 parole del lessico utile vince 1 punto.

Unità 25 – 35

La nuova **Prova orale 1**

locale notturno	analcolico
divertirsi	cenare
etnico	passeggiata

spreco	temperatura
bidone	temporale
rifiuto	previsioni

EDILINGUA

La nuova **Prova orale 1**

Infografica a pag. 53
oppure
Infografica a pag. 58

Unità 26
oppure
Unità 31

EDILINGUA

La nuova **Prova orale 1**

Unità 21
oppure
Unità 27

Testo blu a pag. 75

EDILINGUA

La nuova **Prova orale 1**

schermo	connessione
portatile	condividere
dipendenza	pubblicare

spiaggia	località
ombrellone	tenda
tuta da sci	comodità

EDILINGUA

La nuova **Prova orale 1**

Testo arancione a pag. 73

Una vita sui banchi
Che si fa stasera?
Medici e salute

EDILINGUA

La nuova **Prova orale 1**

Infografica a pag. 56
oppure
Infografica a pag. 64

paziente	stanchezza
curarsi	provocare
psicologo	salute

EDILINGUA

La nuova **Prova orale 1**

Unità 34

Unità 28
oppure
Unità 35

EDILINGUA

La nuova **Prova orale 1**

Testo rosso a pag. 75

Foto grigia a pag. 61
(~~stress~~)

EDILINGUA

Istruzioni del gioco

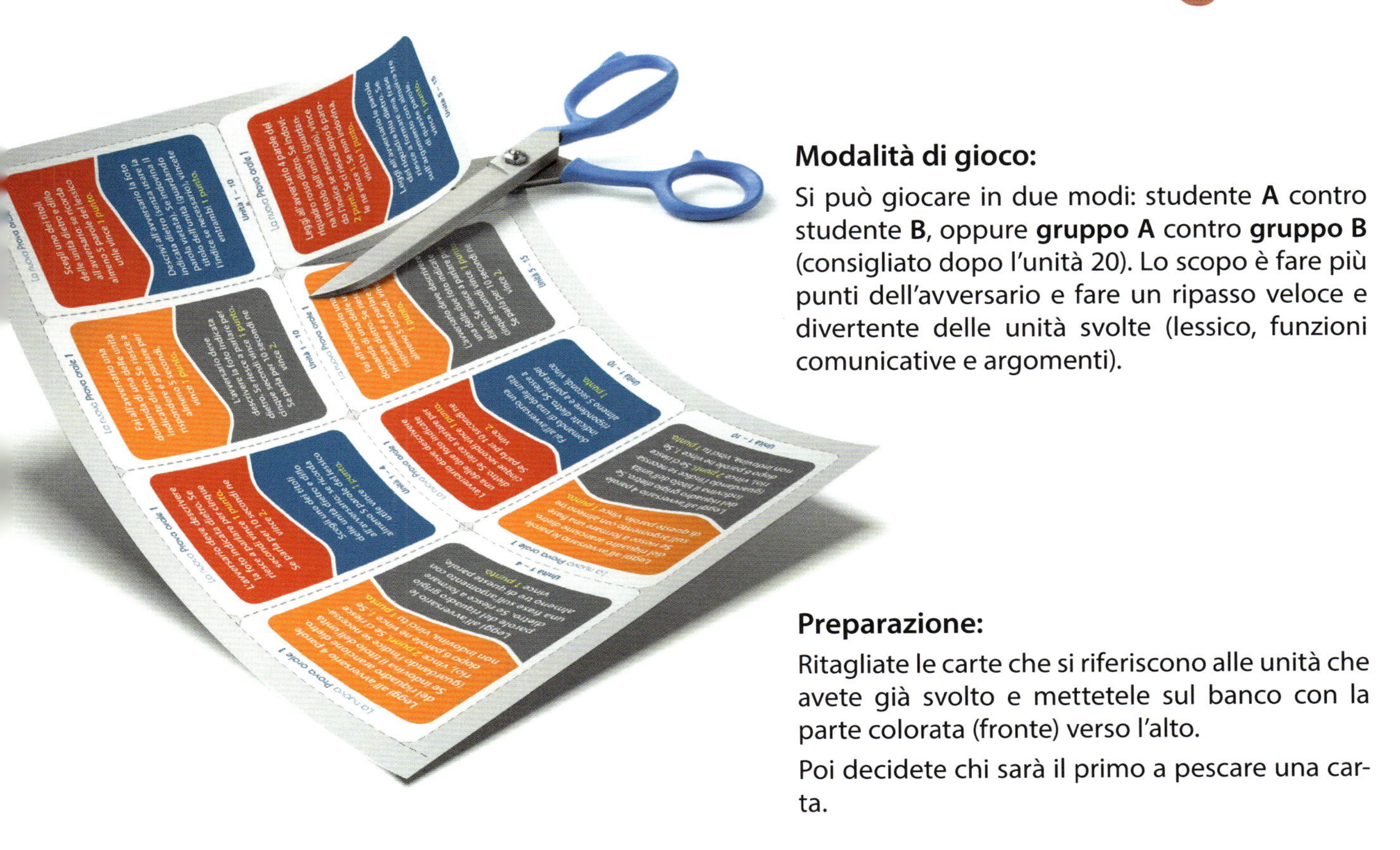

Modalità di gioco:

Si può giocare in due modi: studente **A** contro studente **B**, oppure **gruppo A** contro **gruppo B** (consigliato dopo l'unità 20). Lo scopo è fare più punti dell'avversario e fare un ripasso veloce e divertente delle unità svolte (lessico, funzioni comunicative e argomenti).

Preparazione:

Ritagliate le carte che si riferiscono alle unità che avete già svolto e mettetele sul banco con la parte colorata (fronte) verso l'alto.

Poi decidete chi sarà il primo a pescare una carta.

Svolgimento:

- **A** pesca una carta e legge a **B** uno dei compiti (fronte) e le indicazioni sul retro (parole del lessico, foto, unità ecc.);
- se **B** porta a termine il compito, vince i punti indicati sulla carta*;
- poi la carta passa all'avversario che legge l'altro compito e così via;
- la carta successiva sarà pescata da **B** e il gioco continua;
- alla fine contate i punti e scoprite il vincitore.

*Quando il compito richiede una collaborazione, **A** e **B** lo svolgono insieme ed entrambi vincono i punti indicati.

Glossario

In questo glossario abbiamo cercato di spiegare tutte le parole del *Lessico utile* nel modo più semplice possibile, dando il significato che, ogni volta, hanno nel contesto in cui vengono incontrate.

ABBREVIAZIONI

agg.	*aggettivo*
contr.	*contrario*
es.	*esempio*
s. m./f.	*sostantivo maschile/ femminile*
v.	*verbo*

1 MI PRESENTO

alto: una persona grande di statura (*contr.* **basso**)

azzurri: occhi di colore blu chiaro

bello: carino, di bell'aspetto (*contr.* **brutto**)

biondi: capelli di colore chiaro, quasi giallo

castani: occhi o capelli di colore marrone

celesti: occhi del colore del cielo

chiari: occhi azzurri o celesti (*contr.* **scuri**)

corti: quando i capelli non arrivano alle spalle o non coprono le orecchie (*contr.* **lunghi**)

giovane: persona di età fino ai 30 anni

lavoro/cerco lavoro/vado a scuola, all'università/studio: espressioni per dire cosa facciamo nella vita

lisci: capelli dritti, non ricci né mossi

magro: un corpo senza grasso

mossi: capelli che formano delle onde

neri: occhi o capelli molto scuri

porto gli occhiali/le lenti: avere gli occhiali o le lenti a contatto

ricci: capelli molto mossi

robusto: fisico forte, con tanti muscoli

rossi: capelli di colore rosso

sono un po'.../molto...: espressione per descriversi

vecchio: persona che ha molti anni, anziano

verdi: occhi di colore verde

2 LA MIA FAMIGLIA

adulto: persona non giovane e non anziana

amo molto: avere un sentimento molto forte per qualcuno

anziano: persona che ha molti anni

è più grande di me: ha più anni di me

è più piccolo di me: ha meno anni di me

felice: contento

fidanzato/a: l'uomo/la donna che voglio sposare;

mio/mia figlio/a: la persona che ha dei genitori

giovane: persona di età fino ai 30 anni

grande: persona non più giovane (*contr.* **piccolo**)

i miei genitori: mia mamma e mio papà

i miei nipoti: i figli di mio fratello o di mia sorella, i figli di mio figlio o di mia figlia

i miei nonni: i genitori dei miei genitori (*s. m.* **mio nonno** e *s. f.* **mia nonna**)

il mio compagno: ho una relazione e vivo con questo uomo

il/la mio/mia partner: ho una relazione con questa persona

impegnato/a: essere fidanzato/a con qualcuno

la mia compagna: ho una relazione con questa donna

la mia famiglia è composta da...: nella mia famiglia ci sono... (persone)

mia madre: mia mamma

mia moglie: la donna che ho sposato

mia sorella: la figlia di mio padre e di mia madre

mio/a cugino/a: il/la figlio/a di mio zio o di mia zia

mio fratello: il figlio di mio padre e mia madre

mio marito: l'uomo che ho sposato

mio padre: mio papà

siamo sposati da...: essere marito e moglie da... (anni o mesi)

single: una persona che non ha una relazione

sono molto legato a...: avere un rapporto molto bello con...

sposato/a: una persona che ha un marito o una moglie

stiamo insieme da...: avere una relazione da... (anni o mesi)

vado d'accordo con...: ho le stesse idee di... (*contr.* **non vado d'accordo con**)

3 GLI AMICI

abbracciarsi: stringersi tra le braccia di qualcuno

andare in vacanza: partire per un viaggio di relax e divertimento

barca: piccolo mezzo per trasportare persone e cose sul mare

borsa: contiene i documenti, il portafoglio e molti altri oggetti utili. Si porta sulla spalla o a mano

brava persona: una persona buona, gentile

discutere: parlare e scambiarsi idee con qualcuno

estate: la stagione più calda dell'anno, da giugno ad agosto (*contr.* **inverno**)

gita: vacanza di un giorno o di pochi giorni

il/la mio/a migliore amico/a: l'amico/a preferito/a e più importante (oppure **l'amico/a del cuore**)

il mare: dove di solito si va l'estate per fare un bagno

il/nel fine settimana: il sabato e la domenica

il sabato sera: tutti i sabati sera

i/le miei/mie amici/che: tutti i miei amici

interessi/passioni/gusti: le cose che piacciono di più, spesso sono hobby

occhiali da sole: occhiali scuri utili d'estate per proteggere gli occhi dal sole

parlare: comunicare con la voce

persona allegra: una persona contenta, felice

persona aperta: una persona che ama stare con gli altri (*contr.* **chiusa**)

persona divertente: una persona che ama scherzare e far ridere gli amici

persona intelligente: una persona che ha molte capacità

persona interessante: che ha molti hobby e passioni

persona simpatica: allegra, piacevole

persona sincera: chi dice sempre la verità

ridere: reazione ad una situazione molto divertente

siamo amici da...: espressione per dire da quanto tempo siamo amici di qualcuno

spesso: molte volte

un gruppo/una compagnia di amici: un gruppo di ragazzi che si conoscono da anni ed escono insieme

una volta alla settimana: una volta ogni sette giorni

uscire: andare fuori casa

viaggiare: spostarsi da un luogo all'altro per motivi di lavoro o per una vacanza

4 LA MIA CASA

abito in Via/Piazza: espressione per dire il luogo dove abitiamo

all'ultimo piano: al piano più alto di un edificio

al piano terra: al piano più basso di un edificio

al primo piano: al primo livello di un palazzo

al secondo piano: al secondo livello di un palazzo

al terzo piano: al terzo livello di un palazzo

appartamento: singola parte di un palazzo formata da più stanze

bagno: stanza della casa in cui ci sono il wc, il lavandino, la doccia o la vasca da bagno

camera: stanza

camera da letto: stanza della casa dove si dorme

camino: dove si accende il fuoco in una casa; spesso si trova in salotto

comodino: piccolo mobile vicino al letto dove possiamo tenere una lampada, un libro ecc.

con molta luce: illuminato dal sole, luminoso (*contr.* **con poca luce**)

cucina: stanza della casa dove si cucina

cuscino: oggetto morbido e comodo dove possiamo poggiare la testa o le gambe

divano: poltrona grande per tre o più persone

edificio: nome generico di una grande costruzione a più piani

finestra: apertura nel muro di un edificio chiusa da uno o due vetri, si apre e si chiude per fare entrare luce e/o aria

grande: alto e largo, di dimensione maggiore rispetto a quella normale

in centro: nella zona centrale della città (*contr.* **in periferia**)

la casa dei miei sogni ha...: la casa che sogno di avere deve avere queste caratteristiche...

lampada: piccola luce da tavolo

libreria: mobile dove si mettono i libri

moderno: di stile nuovo, contemporaneo

nella mia camera c'è/ci sono: espressione per dire gli oggetti che ci sono nella propria stanza

palazzo: costruzione a più piani in cui si possono trovare appartamenti e/o uffici

piano: livello di un palazzo

pianta: di solito verde che ha foglie e fiori

piccolo: basso e stretto, di dimensione minore rispetto a quella normale

poltrona: sedia morbida e molto comoda per una persona

quadro: immagine dipinta appesa alla parete

scrivania: tavolo per lavorare o studiare

soggiorno: stanza della casa dove ci sono il divano, la poltrona, il tavolino

stanza: nome generico di uno spazio di una casa in cui si può abitare

studio: stanza usata per lavorare o per studiare

tappeto: oggetto morbido di tessuto che copre il pavimento

tavolino: tavolo da salotto piccolo e basso

5 UNA GITA

alberi: piante molto alte e grandi

al lago: in un grande spazio d'acqua chiuso

al mare: in una località sulla costa

andare in macchina: muoversi con l'auto

camminare: muoversi a piedi

c'è il sole: espressione per dire che c'è il sole nel cielo

c'è molta gente: il luogo è pieno di persone

cielo: dovo ci sono il sole, le nuvole, le stelle o la luna

è/fa bel tempo: c'è il sole e non ci sono le nuvole

è una bella giornata: c'è bel tempo dalla mattina al pomeriggio

fa molto caldo: c'è il sole e la temperatura dell'aria è alta

fare una gita: fare un viaggio di uno o pochi giorni

fare un picnic: mangiare in compagnia nella natura, non in città o in un ristorante

foglie: gli alberi e le piante ne hanno tante e di solito sono verdi

il fine settimana: il sabato e domenica

il verde: la natura

in autunno: nella stagione tra l'estate e l'inverno

in campagna: fuori dalla città, nella natura

in estate: nella stagione più calda dell'anno

in montagna: fuori dalla città, in un luogo molto in alto (*es.* le Alpi)

in inverno: nella stagione più fredda dell'anno

in primavera: nella stagione dopo l'inverno

nuvola: è nel cielo, bianca o grigia, e spesso porta la pioggia

prato: grande spazio d'erba

respirare aria pulita: respirare aria buona, senza inquinamento

sabbia: il materiale che si trova in spiaggia

sulla spiaggia: sulla sabbia, vicino al mare

zaino: borsa che si porta sulle spalle e che si usa per la scuola o per un viaggio

6 PERSONAGGI FAMOSI

attore: uomo che recita un personaggio nei film o a teatro (*s. f.* **attrice**)

carriera: percorso lavorativo di una persona

comico: un attore che fa ridere molto (*agg.* qualcosa che fa ridere molto, ad esempio un film)

commedia: film leggero e divertente

conosciuto: quando tante persone sanno chi è e cosa fa una persona

famoso: conosciuto da tutti

film: di solito dura più di un'ora e si può vedere al cinema o a casa

è molto bravo: fa bene il suo lavoro

è uno dei/una delle migliori: è uno dei/una delle più bravi/e

il calciatore: sportivo che per lavoro gioca a calcio

il/la cantante: uomo/donna che per lavoro canta canzoni (*v.* **cantare**)

il/la protagonista: è il personaggio principale, il più importante di un film, di un libro, di una serie tv

il... più famoso al mondo è...: il più conosciuto in tutto il mondo

la sua vita privata...: la vita sentimentale, familiare

libro: si legge e ha molte pagine

mestieri: lavori

mi piace molto/di più...: è tra i miei preferiti

modello/a: uomo/donna che per lavoro indossa i vestiti

opera: spettacolo teatrale con orchestra e cantanti lirici

politico/a: uomo/donna che lavora per rappresentare i cittadini

scrittore/scrittrice: uomo/donna che per lavoro scrive libri

successo: ha successo chi è famoso e spesso è anche molto ricco

teatro: luogo dove gli attori recitano dal vivo

7 A SCUOLA

alunno/a: studente che frequenta la scuola elementare, media e superiore

attenti: quando gli studenti seguono la lezione dell'insegnante

aula: stanza dove gli studenti fanno lezione

banco: piccolo tavolo che si trova in classe, uno per ogni studente

bravo/a: uno/una studente/essa che studia molto e bene

compiti: esercizi da fare

compiti per casa: esercizi da fare a casa (*v.* **fare i compiti**)

errore: una cosa non giusta

faccio la prima liceo: vado al primo anno di scuola superiore

fisica: studia i fenomeni naturali e le sue regole

frequento la scuola...: vado alla scuola...

geografia: studia e descrive la Terra

ginnastica: ora di sport che si fa a scuola

greco antico: lingua degli antichi Greci

il professore: insegnante che lavora nelle scuole medie, superiori o all'Università (*s. f.* **la professoressa**)

imparare: capire e ricordare informazioni

insegnante: maestro/a o professore/essa

interrogare: chiedere ad uno studente di rispondere a delle domande su un argomento

la classe: stanza dove gli studenti fanno lezione oppure il gruppo di studenti che studiano insieme

latino: lingua degli antichi Romani

lavagna: nera o bianca, è usata dagli insegnanti per scrivere durante la lezione

le mie materie preferite sono...: mi piace studiare...

liceo: scuola superiore che prepara all'Università. Può essere classico, scientifico, artistico, linguistico

maestro/a: insegnante che lavora all'asilo e nelle scuole elementari

matematica: studia i numeri, i teoremi

materie scolastiche: si studiano a scuola (matematica, fisica, storia ecc.)

prendere un voto alto: prendere 7, 8, 9, 10

prendere un voto basso: prendere un voto più basso di 6

scuola elementare: scuola per gli alunni dai 6 agli 11 anni

scuola media: scuola per gli alunni dagli 11 ai 14 anni

scuola superiore: scuola per gli studenti dai 14 ai 19 anni

severo/a: un insegnante molto duro

sono molto bravo in...: capisco la materia e prendo voti alti in... (*contr.* **invece non sono bravo in...**)

sorridere: movimento delle labbra che esprime felicità

studente: alunno che frequenta la scuola o l'Università (*s. f.* **studentessa**)

studiare: leggere, capire e imparare

storia: studia e descrive gli eventi del passato

8 PROFESSIONI

allenatore: chi prepara gli atleti di uno sport

architetto: chi per lavoro disegna, progetta case o edifici

cerco lavoro come...: voglio lavorare come...

commesso: chi lavora nei negozi e serve i clienti

computer: pc

contadino: persona che lavora la terra per coltivare frutta o verdura

cucina: dove si prepara e cuoce il cibo

curare: aiutare qualcuno a stare meglio

da grande voglio fare...: il lavoro che voglio fare dopo la scuola è...

denti: sono dentro la bocca e masticano il cibo

dentista: medico che cura i denti

difficile: (*contr.* **facile**)

disegnare: fare un disegno con matite e colori (*s. m.* **disegno**)

esercizi: compiti da fare o attività in palestra

esperienza: quando facciamo una cosa per tanto tempo e diventiamo bravi

faccio il...: il mio lavoro è

faticoso: che stanca

guadagnare: prendere i soldi da un lavoro, fare soldi

idraulico: persona che ripara i tubi dove passa l'acqua in casa

il cliente: chi compra qualcosa o un servizio

impiegato: chi lavora in un ufficio, di solito al PC

insegnante: uomo o donna che per lavoro insegna

interessante: quando una cosa non è noiosa e vogliamo continuare a farla

laboratorio: luogo dove si fanno ricerche, studi o esperimenti (può essere medico o scientifico)

la lezione: ore in cui l'insegnante lavora con gli studenti

lavoro all'aria aperta: non lavoro in ufficio ma lavoro in mezzo alla natura

lavoro da casa: il mio lavoro si svolge in casa

lavoro in ufficio: il mio lavoro si svolge in un ufficio

lavoro in un negozio...: il lavoro si svolge in un negozio

lo stipendio è alto: ricevere molti soldi per il lavoro (*contr.* **lo stipendio è basso**)

medico: chi per lavoro cura i malati

natura: in mezzo al bosco, lontano dalla città

negozio: luogo piccolo o grande dove si vendono oggetti, cibi o servizi

noioso: che annoia, non è interessante

orario: il tempo impiegato per fare qualcosa (*es.* orario di lavoro, orario scolastico)

pagare: dare denaro per comprare qualcosa

pesante: (un lavoro) faticoso, soprattutto fisicamente ma anche mentalmente

professore: uomo che insegna a scuola o all'Università

programmatore: chi crea programmi/software per i computer

scienziato: chi lavora nella ricerca scientifica

sono dentista: per lavoro curo i denti

stipendio: soldi che riceve il lavoratore (di solito una volta al mese)

studi: un lungo percorso di studio

studio: stanza di una casa o di un edificio dove si studia o si lavora

talento: capacità naturale nel fare una cosa molto bene

terra: terreno che si coltiva per avere frutta o verdura

ufficio: luogo dove lavora l'impiegato

9 MEZZI PUBBLICI

andare a piedi: andare da un luogo a un altro luogo senza macchina o altro mezzo

aspettare: ad esempio aspettare l'autobus alla fermata

biglietto: si compra per poter viaggiare sull'autobus, sulla metro oppure su un treno

comodo: un mezzo pubblico che fa una strada utile ai propri bisogni

corsa: percorso completo di un mezzo pubblico (autobus, tram o treno)

economico: che costa poco (*contr.* **caro**)

fermata: luogo dove si ferma l'autobus, il tram o la metro per far salire e scendere i passeggeri

fila/coda: persone o macchine che formano una fila e aspettano

il tram: mezzo di trasporto nelle città che sembra un piccolo treno e si muove con l'elettricità

in orario: che è in tempo/puntuale, arriva all'orario stabilito (*contr.* **in ritardo**)

la fermata è vicino a casa mia: posso prendere un mezzo pubblico vicino casa

la metro: mezzo di trasporto pubblico che viaggia sotto terra

la stazione: luogo in cui partono e arrivano i treni

l'autobus: mezzo di trasporto pubblico che si muove su strada

mezzi pubblici: mezzi di trasporto che usano i cittadini (autobus/pullman, tram, metro)

non mi piace stare in piedi: preferisco stare seduto su un mezzo pubblico

pieno di gente: ci sono tante persone (*contr.* **vuoto**)

prendere l'autobus: scegliere di muoversi con l'autobus

salire sull'autobus: entrare nell'autobus per andare da qualche parte

scendere dall'autobus: uscire dall'autobus

sciopero: non lavorare per protesta

stare in piedi: non trovare posto a sedere (su un mezzo pubblico)

stare seduto/a: sedersi (su un mezzo pubblico)

traffico: quando ci sono troppe macchine che si muovono in strada

veloce: quando qualcosa o qualcuno si muove in poco tempo (*contr.* **lento**)

10 MUSICA

band rock: un gruppo formato da uno o più cantanti e musicisti; suonano musica pop/jazz/rock (*oppure* **gruppo**)

banda: un gruppo di musicisti che suonano strumenti classici

basso: strumento simile alla chitarra ma con solo quattro corde; il suono è più basso

chitarra: strumento musicale con sei o dodici corde

classica: musica colta suonata da un'intera orchestra (*es.* opere di Mozart)

concerto: evento dal vivo per ascoltare musica

cuffie: si mettono sulle orecchie per ascoltare la musica

ha una voce molto bella...: ha una voce molto piacevole da ascoltare

il/la cantante: chi canta una canzone

il lettore mp3: strumento per archiviare e ascoltare musica

il pianoforte: strumento musicale con tasti bianchi e neri, di solito molto grande

jazz: genere musicale nato negli Stati Uniti negli anni '20; si usano strumenti come il sax

la canzone: brano musicale con testo e musica

la radio: strumento che si usa in casa per ascoltare musica o trasmissioni culturali e sportive, si ascolta anche in luoghi pubblici e in auto

lirica: genere musicale dell'opera

mi piace ascoltare...: mi piace la musica classica/rock/jazz;

musica dal vivo: musica e cantanti che si ascoltano in presenza

opera: spettacolo teatrale con orchestra e cantanti lirici

orchestra: gruppo di musicisti che suonano strumenti musicali

palco: luogo dove fanno lo spettacolo cantanti, musicisti e attori. Di solito si trova nei teatri

piattaforma di streaming: luogo del web dove si può ascoltare musica, guardare film e concerti

pop: genere musicale popolare nato negli Stati Uniti che si rivolge soprattutto a un pubblico giovane

preferisco la musica...: il genere musicale che preferisco è...

pubblico: chi ascolta musicisti e cantanti

rap: genere musicale con parole ritmate e accompagnamento musicale nato negli Stati Uniti

rock: genere musicale accompagnato da basso, chitarra elettrica, nato in Inghilterra negli anni '60

so suonare il/la...: sono capace a suonare il/la...

strumento musicale: si suona per fare musica

tecno: musica elettronica, genere musicale nato negli Stati Uniti negli anni '80

violino: strumento musicale con quattro corde e si suona con un archetto

11 TEMPO LIBERO

andare al cinema: vedere un film al cinema

andare a teatro: vedere uno spettacolo teatrale

divertente: che fa ridere

divertimento: qualcosa di divertente e piacevole che si fa per ridere e passare il tempo

fare sport: fare attività fisica

giocare a carte: fare dei giochi con un mazzo di carte

giocare con i videogiochi: giocare con dei giochi digitali sul pc, in tv o sullo smartphone

giochi di società: giochi in scatola che si possono fare in gruppo

guardare la tv: vedere la televisione

hobby: qualcosa che si fa nel tempo libero

ho molto da fare: ho tante cose da fare

ho troppi impegni: ho troppe cose da fare

ho troppo lavoro: ho troppe cose di lavoro da fare

interesse: una cosa importante e interessante per noi

interessante: quando una cosa non è noiosa e si vuole continuare a farla (*contr.* **noioso**)

leggere: quello che si fa con un libro, un giornale, una rivista

navigare su internet: visitare siti internet e fare ricerche

passare il tempo: usare il proprio tempo per fare qualcosa

passatempo: qualcosa che si fa per passare il tempo, senza fretta

passeggiare: camminare lentamente per il piacere di farlo

piacevole: che dà piacere, benessere

rilassarsi a casa: fare qualcosa di piacevole a casa

stare sui social network: essere iscritti o trascorrere del tempo sui social network

trascorrere il tempo: passare il tempo facendo qualcosa

uscire: andare fuori casa

12 GUARDARE LA TV

accendere: premere il tasto del telecomando per far funzionare la tv

canale: frequenza che trasmette programmi televisivi

documentario: film o serie tv che racconta e spiega qualcosa sulla storia, sulla natura, sulla scienza, sull'arte, ecc.

episodio: una serie tv è divisa in tanti episodi, di solito di 40 minuti

film: si guarda al cinema o in tv; dura più di un'ora

la serie tv: un film con tanti episodi per la tv

la stagione: tutti gli episodi di una serie tv o di un programma televisivo in un anno (*es.* la quarta stagione di Montalbano; Masterchef 10)

partita: gara, match di calcio, di pallavolo, di tennis ecc.

piattaforma di streaming: luogo on line in cui si possono guardare film o serie tv quando si vuole, di solito è a pagamento

programma televisivo: un talk show, un talent show, un gioco in tv ecc.

pubblicità: durante un film o un programma televisivo mostra un prodotto da acquistare

questa sera esce il/la...: questa sera si può vedere per la prima volta...

schermo: lo schermo della tv, del computer, dello smartphone

spegnere: premere il tasto del telecomando per non vedere più la tv

su Rai3 c'è...: in questo momento su *Rai3* si può guardare...

talent show: programma televisivo dove persone non famose recitano, cantano, ballano

talk show: programma televisivo dove si discute/parla di vari temi/argomenti

telecomando: strumento che serve a cambiare canale

telespettatore: persona che guarda la tv

tv online: tv che si guarda solo su internet

un programma seguito è...: un programma televisivo che molte persone guardano è...

varietà: programma in tv molto leggero con musica e ospiti

13 ABBIGLIAMENTO E MODA

abito/vestito: può essere da uomo o da donna, di solito si usa nelle situazioni formali ed eleganti

abito firmato: abito creato da uno/a stilista famoso/a

armadio: mobile grande dove si mettonoi vestiti, o altri oggetti di casa

borsa: si porta a mano o su una sola spalla

camicetta: da donna, è elegante o casual e si chiude con i bottoni.

camicia: da uomo, è elegante o casual e si chiude con i bottoni. Spesso si indossa con la cravatta

cappotto/giubbotto: elegante o casual, si indossa in inverno sopra ai vestiti

casual: stile adatto alla vita di tutti i giorni

cintura: serve per stringere i pantaloni

classico: stile tradizionale

completo: abito da uomo formato da giacca e pantalone

cravatta: si mette al collo, sopra alla camicia

di solito mi vesto...: gli abiti che indosso di solito sono...

è di moda/alla moda...: un abito che si indossa adesso, che lo portano tutti...

elegante: stile adatto alle occasioni importanti

giacca: da donna o da uomo, ha le maniche lunghe ed è elegante. Si indossa sopra la camicia o altri abiti

gilet: si indossa sopra alla camicia; non ha le maniche quindi non copre le braccia

gioielli: collane, anelli, bracciali, orecchini fatti di un materiale di valore

gonna: da donna, lascia le gambe visibili

jeans: pantaloni casual di un tessuto morbido e resistente, di solito sono blu

maglietta: maglia a maniche corte

maglione: maglia a maniche lunghe, è di lana e si indossa in inverno

materiale: materia, sostanza di cui sono fatte le cose

minigonna: gonna molto corta

modello/a: persona che per lavoro indossa i vestiti alle sfilate

pantaloni: sono lunghi fino alla caviglia, possono essere da uomo o da donna

passerella: percorso dove le modelle camminano alle sfilate

porta un abito da uomo/da donna: indossa un vestito da uomo/donna

portare/indossare: avere addosso un vestito o un accessorio

porto la taglia...: indosso abiti della misura...

saldi: periodo dell'anno con i prezzi più bassi

scarpe: sono due e si indossano ai piedi per camminare fuori casa

sfilata: evento di moda organizzato per presentare le novità della stagione

stilista: uomo o donna che per lavoro pensa e disegna vestiti

tendenza: quello che è di moda in questo momento

tessuto/stoffa: materiale di cui sono fatti i vestiti

ti sta molto bene: questo vestito/abito è perfetto per te

tuta: può essere da ginnastica o da casa, è formata da maglia e pantaloni comodi

una borsa/cintura di pelle: una borsa/cintura che è fatta di pelle animale

uno stile casual: indossare abiti adatti alla vita di tutti i giorni

uno stile classico: indossare abiti/vestiti classici

uno stile moderno: indossare abiti/vestiti moderni

uno stile sportivo: indossare abiti comodi, adatti per lo sport

vorrei provare la taglia...: mi piacerebbe provare un abito della misura...

zaino: borsa sportiva o per la scuola che si porta sulle spalle

14 A TAVOLA

antipasto: si mangia all'inizio del

pranzo o della cena, prima del piatto principale

bar: locale dove si fa colazione, pranzo, merenda o aperitivo. Si mangiano cornetti, panini e piatti semplici; si beve un caffè, una bibita o un drink

bibita gassata: bevanda con gas, frizzante (*es.* aranciata, cola)

carne: le parti degli animali che si mangiano crude o cotte

cena: il pasto di fine giornata (ore 19-21)

condimento: la salsa che dà sapore ad un piatto; oppure olio, sale e pepe (*v.* **condire**)

contorno: piatto di verdure che si mangia con il secondo

cornetto: brioche, croissant

cucinare: preparare o cuocere un piatto

dimagrire: perdere peso

dolce: si mangia a fine pasto (*es.* il tiramisù)

fare colazione: il primo pasto che si fa la mattina dopo la sveglia

fare merenda: un piccolo pasto tra la colazione e il pranzo oppure tra il pranzo e la cena

formaggio: prodotto fatto con il latte e si mangia come antipasto o secondo

forno: macchina che cuoce il cibo ad alta temperatura

grassi: si trovano soprattutto nel formaggio e nei dolci; fanno prendere peso e non fanno bene alla salute

ha molte calorie: è un cibo che dà molta energia

il mio piatto preferito è...: il cibo che preferisco mangiare è...

il piatto tipico del mio paese è...: il piatto tradizionale di un Paese, di una città o di un paese è...

ingrassare: prendere peso

insalata: è un contorno e si mangia con olio, aceto e sale

mangiare sano: mangiare cibi che fanno bene alla salute

mantenere la linea: mangiare cibi sani per non ingrassare

marmellata: è una crema molto dolce fatta con la frutta e lo zucchero; si usa nelle torte, nei cornetti ecc.

pane: si mangia durante il pasto, soprattutto durante il secondo con la carne o con le verdure

panino: piccolo pane tagliato a metà. Si può condire in tanti modi diversi: con salumi, verdure, formaggio, oppure con cioccolato, marmellata ecc.

pasta: può essere fresca, fatta in casa o secca. Ha diverse forme: spaghetti, penne, fusilli ecc.

pesce: animale che vive nel mare, nei laghi o nei fiumi (*es.* tonno, trota, salmone, ecc.)

pizzeria: ristorante dove si mangia la pizza

pranzo: il pasto di metà giornata (ore 12-14)

preparare: fare quello che serve prima di mangiare un cibo; pulirlo, tagliarlo, cucinarlo

primo piatto: piatto di pasta o riso, si mangia dopo l'antipasto

ricetta: istruzioni per preparare un piatto

ristorante: luogo elegante in cui si mangiano piatti elaborati dal costo medio o alto

salse: si usano per condire un panino o un piatto (*es.* ketchup, maionese, senape)

sano: che fa bene alla salute

secondo piatto: piatto di carne o pesce, si mangia dopo il primo

specialità: piatto tipico di una regione

spremuta d'arancia: succo fresco di arancia

tagliare: dividere qualcosa con un coltello (*es.* tagliare la carne)

trattoria: locale dove si mangiano piatti semplici dal costo basso

verdura: prodotti vegetali che nascono dalla terra e si mangiano crudi o cotti (*es.* carota, zucchina, peperone)

vitamine: sostanze che si trovano nella frutta e nella verdura. Fanno bene alla salute. Hanno il nome delle lettere dell'alfabeto.

15 FARE LA SPESA

"100 grammi di/un etto di...": chiedere cento grammi di qualcosa; si usa in genere per il cibo

alimentari: negozi che vendono diversi prodotti che si possono mangiare

avanzi: cibi che non sono stati mangiati né buttati via

buste della spesa: borse dove si mette la spesa

calorie: energia contenuta negli alimenti; informazione indicata di solito sull'etichetta

carrello: ha le ruote e si prende al supermercato per mettere dentro i prodotti che vogliamo comprare

comprare: acquistare, prendere un prodotto e pagare il prezzo

confezionato: prodotto non fresco che si conserva dentro una confezione, un sacchetto o una scatola

etichetta: rettangolo di carta attaccato su ogni prodotto in vendita con le informazioni importanti

fornaio/panettiere: persona che produce e vende il pane

fresco: prodotto non confezionato da mangiare/consumare subito

frutta: alimenti come mela, banana, pera

fruttivendolo: persona che vende la frutta e la verdura

il cliente: persona dentro un negozio che vuole acquistare un prodotto

ingrediente: singolo alimento usato nella preparazione di un cibo

la carne: le parti degli animali che si mangiano crude o cotte

lista: elenco di cose da comprare

lo scaffale: dove vengono esposti i prodotti in un negozio/supermercato

macellaio: persona che vende la carne

marca: nome dell'azienda che ha fatto il prodotto

mercato: luogo, di solito all'aperto, dove comprare frutta, verdura, prodotti per la casa, vestiti ecc.

offerta: prodotto che viene venduto a un prezzo più basso

pagamento: dare del denaro per ricevere un prodotto (*v.* **pagare**)

prodotto: cosa fatta/prodotta da un'azienda

pubblicità: testo, audio o video usato per far conoscere un prodotto da vendere

qualità: caratteristiche di un prodotto che possono essere positive o negative

reparto dei cosmetici: zona di un negozio dove si trovano prodotti per la bellezza

reparto dei detersivi: zona di un negozio dove si trovano prodotti per la pulizia della casa

reparto dei salumi: zona del supermercato dove si trovano salumi (*es.* prosciutto, salame, speck)

scegliere: preferire una cosa rispetto a un'altra

spesa: quello che si fa al supermercato o in un negozio per acquistare cibo e oggetti

sprecare: buttare via il cibo senza mangiarlo/consumarlo (*s. m.* **spreco**)

surgelato: prodotto conservato a una temperatura sotto 0° C

"tre etti di prosciutto crudo...": trecento grammi di prosciutto crudo

"un chilo di...": mille grammi/dieci etti di...

verdura: prodotti come le zucchine, le carote, i peperoni ecc.

16 I LIBRI E LA STAMPA

articolo: testi scritti da giornalisti che sono pubblicati su giornali, riviste, blog e siti web

attualità: notizie del momento

celebre: famoso

comodo: confortevole, che fa sentire a proprio agio

copertina: pagina esterna di un libro o di una rivista dove è scritto il titolo e il nome dello scrittore

d'amore: romanzo che racconta una storia d'amore

d'avventura: romanzo che racconta una storia con situazioni particolari

edicola: luogo dove si comprano i giornali

fantastico: romanzo che racconta eventi di fantasia, spesso magici

fumetto: racconti per bambini, giovani e adulti con disegni e testo

giallo: romanzo che racconta un mistero da risolvere, spesso da un detective

giornalaio: persona che vende i giornali in edicola

gossip: chiacchiere sui personaggi famosi

il giornale: si compra in edicola per leggere notizie di cronaca, attualità, economia, sport e cultura

il/la giornalista: chi scrive notizie e articoli per giornali, riviste e siti web

il mensile: rivista o giornale che esce in edicola una volta al mese

il settimanale: rivista o giornale che esce in edicola una volta a settimana

in biblioteca: luogo dove si prendono in prestito i libri o dove si può leggere e studiare

in libreria: luogo dove si comprano i libri

informarsi: rimanere aggiornati su ciò che succede

la recensione: opinione e commento critico di un libro, di un film, di uno spettacolo di teatro

letteratura: insieme delle opere scritte

lettore: chi legge

lettura: ciò che si legge; attività del leggere

notizie: informazioni su qualcosa che è succeso di recente

periodico: rivista o giornale che esce in edicola a distanza di tempo regolare tra un numero e l'altro

pratico: utile, facile da usare

romanzo: lungo racconto pubblicato in un libro

quotidiano: giornale che esce ogni giorno in edicola

rivista: giornale periodico specializzato su un argomento

scrittore/scrittrice: chi scrive per lavoro

spettacolo: che appartiene al mondo del cinema, della musica, della tv

storico: romanzo che racconta un evento del passato

titolo: nome del libro che è scritto sulla copertina

trama: riassunto degli eventi principali raccontati in un romanzo

17 AMICI A QUATTRO ZAMPE

accarezzare: passare la mano sul pelo dell'animale in modo affettuoso

affettuoso: che dimostra affetto, dolce e tenero

animale domestico: un animale che si può tenere in casa

animale randagio: un animale senza padrone, spesso vive per strada

bisogni: cacca e pipì di un animale domestico

ciotola: piatto per l'acqua e il cibo degli animali domestici

coccolare: accarezzare, trattare con dolcezza

cuccia: letto o casetta dove dorme o riposa un cane o un gatto

cucciolo: piccolo neonato di animale

curare: far guarire da una malattia

denti: sono dentro la bocca e si usano per mangiare, masticare il cibo

di compagnia: ama stare sempre con qualcuno

dimensioni: grandezza

fare danni: rovinare, rompere degli oggetti

fedele: che non lascia mai il suo padrone

guinzaglio: strumento che si usa per portare un cane a passeggio

indipendente: che ama stare da solo

intelligente: che capisce e impara dall'uomo

maltrattare: trattare male, non avere cura

mammiferi: animali che fanno cuccioli e li nutrono con il loro latte (*es.* cani, gatti, pecore)

pelo: l'insieme dei peli degli animali

prendersi cura di...: avere cura, trattare con attenzione e interesse

proprietario: uomo che possiede un animale domestico, padrone

razza: tipo di animali con caratteristiche comuni

rettili: animali a sangue freddo che spesso non hanno le zampe (*es.* serpenti)

vaccino: medicina per gli uomini o gli animali per proteggerli da alcuni virus e malattie

veterinario: medico che cura gli animali

zampe: le gambe degli animali

18 CINEMA E TEATRO

applaudire: battere le mani durante uno spettacolo per comunicare che ci piace

applausi: i gesti e i rumori fatti dal battere le mani

attore/attrice: chi recita nei film o a teatro

autore/autrice: chi scrive sceneggiature per lavoro

avventura: film che racconta una storia con situazioni particolari

azione: film che racconta una storia piena di eventi e molto dinamica

commedia d'amore: film divertente che racconta una storia d'amore

effetti speciali: tecniche usate per creare suoni o immagini particolari

fantascienza: film che racconta una storia che avviene nel futuro e, spesso, nello spazio

il film lo danno alle...: il film inizia alle ore...

interpretare un ruolo: recitare una parte in un film o in uno spettacolo teatrale

ha vinto il Premio Oscar come miglior attore...: l'attore ha vinto il premio Oscar

ha vinto il premio Oscar per la regia: il regista ha ricevuto il premio Oscar

palcoscenico: spazio dove recitano gli attori o danzano i ballerini a teatro

piattaforma di streaming: canale virtuale dove si possono guardare i film online in abbonamento

platea: zona del cinema o del teatro occupata dagli spettatori e davanti al palco

poliziesco: film che racconta un fatto risolto dalle indagini della polizia

poltrona: sedia comoda e morbida dove possono sedersi gli spettatori a teatro o al cinema

premio cinematografico: premio dato al miglior film, attore, regista ecc.

protagonista: personaggio principale di un film o di un'opera teatrale

pubblico: insieme degli spettatori

recensione: opinione di un critico che ha visto il film o un'opera teatrale

recitare nel ruolo di: avere una parte nel film o nell'opera teatrale

regista: chi dirige un film o un'opera teatrale

ruolo: parte recitata da un attore

sala cinematografica: sala del cinema dove si guarda il film

scena: breve parte di un film

sceneggiatura: elenco delle scene e delle battute di un film o di un'opera teatrale

sipario: tenda che si apre e si chiude sul palcoscenico

spettacolo: evento teatrale, sportivo o cinematografico che si svolge davanti a un pubblico

spettatore: chi guarda lo spettacolo

thriller: film che racconta una storia di azione, spesso di paura e tensione

trama: riassunto degli eventi raccontati nel film o nell'opera teatrale

western: film che racconta una storia di cowboy in America

19 QUESTI RAGAZZI

adolescente: ragazzo o ragazza tra i 12 e i 18 anni

adolescenza: periodo tra l'infanzia e l'età adulta

adulto: persona che ha più di 18 anni

amico: una persona che conosciamo da tempo a cui vogliamo bene

bullismo: fenomeno che colpisce i giovani che sono vittime di persone della loro età violente e offensive con loro

bullo: ragazzo prepotente con altri ragazzi

chiedere aiuto: chiedere a qualcuno cosiglio e supporto per risolvere un problema

condividere: dividere, usare, avere qualcosa con qualcuno

condivisione: quando qualcosa viene usata da più persone

cyberbullismo: bullismo on line

denunciare: comunicare alle forze dell'ordine una violenza, un danno subito

dipendente: persona che non riesce a stare senza qualcosa (*v.* **dipendere**)

essere vittima di...: subire

è un quindicenne: ha quindici anni

fare esperienze: fare molte cose, visitare luoghi mai visti, conoscere persone nuove

fare post/postare: pubblicare sui social qualcosa

farsi selfie: farsi una fotografia, di solito al viso

giovane: ragazzo e ragazza (contr. **adulto**)

gioventù: periodo tra l'adolescenza e l'età adulta

gruppo: insieme di persone

idolo: persona famosa molto amata e stimata

il genitore: madre o padre

interessi: passioni, hobby

irresponsabile: non occuparsi seriamente di qualcosa o qualcuno

maggiorenne: giovane che ha più di 18 anni

maglietta: maglia a maniche corte

minorenne: giovane che ha meno di 18 anni

passatempo: attività che si fa nel tempo libero per passare il tempo

proteggere: difendere da qualcosa o qualcuno

protettivo: che protegge qualcosa o qualcuno

rapporto: relazione di amicizia o di amore

responsabile: chi si occupa seriamente di qualcosa o qualcuno, chi è colpevole di aver fatto qualcosa (*s. f.* **responsabilità**)

ricordo: memoria di qualcosa o qualcuno del passato

rigido: quando una persona, un insegnante vuole che tutti rispettano le regole sempre

severo: che impone molte regole

solitudine: lo stare soli, lontano dagli altri

sorridere: mostrare di essere contenti con un movimento della bocca, delle labbra; ma non si vedono i denti

triste: non essere felice a causa di qualcosa o qualcuno

tristezza: sentimento contrario alla felicità

ubbidiente: persona che rispetta un ordine, una richiesta

ubbidire: rispettare un ordine, una richiesta

videogiochi: giochi per il pc o per una console o per smartphone

vittima: persona a cui viene fatto del male

zaino: borsa che si porta sulle spalle, si usa per la scuola o per fare sport

20 BELLEZZA, CHE FATICA!

aerobica: tipo di ginnastica che si fa seguendo il ritmo della musica

allenamento: insieme di esercizi di attività fisica

allenarsi: fare una serie di esercizi di attività fisica

aspetto fisico: forma fisica

barba: peli sul viso negli uomini

barbiere: persona che per lavoro taglia la barba e i capelli agli uomini

capelli: li abbiamo sulla testa e sono lunghi o corti, biondi o castani ecc.

calcio: sport che si gioca in due squadre di undici giocatori e bisogna fare gol

centro estetico: luogo dove è possibile fare trattamenti di bellezza

correre: muoversi, camminare velocemente

corsa: movimento, camminata veloce, attività sportiva

crema: prodotto che si mette sulla pelle del viso o del corpo

curare il proprio aspetto: prendersi cura della propria bellezza

curare il proprio fisico: mangiare bene e allenarsi per stare in forma

danza: sport, attività che prevede movimenti a ritmo di musica

dimagrire: perdere peso

estetista: chi per lavoro si occupa della cura del corpo, del viso e in generale dell'aspetto delle persone

fare la manicure: prendersi cura delle proprie mani e unghie

farsi la barba: tagliarsi la barba

farsi una maschera: mettere sulla pelle del viso una crema o altro per migliorarla

forbici: hanno due lame e si usano per tagliare i capelli

mantenere la linea/mantenersi in forma: mangiare sano e fare esercizio fisico per non ingrassare

mettersi lo smalto: colorare le unghie delle mani e dei piedi con lo smalto

nuotare: muovere braccia e gambe in acqua (*s. m.* **nuoto**)

parrucchiere/a: chi taglia i capelli per lavoro; al maschile indica anche il negozio

pelle: copre tutto il nostro corpo

pesi: strumenti pesanti che si usano per sviluppare i muscoli

prepararsi: vestirsi, truccarsi e pettinarsi per uscire

radersi: tagliarsi barba e peli

rasoio: strumento elettrico che si usa per tagliare peli, barba e capelli

rimmel: si usa sulle ciglia per farle sembrare più lunghe e migliorare lo sguardo (*sin.* **mascara**)

rossetto: si usa sulle labbra per dare colore

specchietto: specchio piccolo da borsa

specchio: oggetto che si usa per guardarsi

stare in forma: mantenere il peso ideale

tagliare: rendere più corto, accorciare

taglio: stile dato ai capelli dal parrucchiere

tingere: cambiare il colore dei capelli

tinta: crema che si mette sui capelli per cambiarne il colore

trattamento: una maschera per il viso o un lifting sono trattamenti di bellezza

trucco: make-up

truccarsi: usare il make up sul viso

viso: la faccia di una persona

21 AMICIZIA E AMORE

amico/a del cuore: migliore amico/a, amico/a preferito/a

amicizia: relazione tra persone che si conoscono da tempo e si vogliono bene

appuntamento: incontro programmato tra amici o partner

biondo: che ha i capelli biondi, chiari

bruno: che ha i capelli scuri

bugia: una cosa non vera detta a qualcuno

bugiardo: persona che dice le bugie

castano: che ha i capelli castani

chiacchierare/parlare: fare conversazione

compagno: uomo con cui si ha una relazione amorosa

confidenza: una cosa intima e personale che si dice a qualcuno con cui abbiamo un rapporto

coppia: due persone che stanno insieme, si vogliono bene e si amano

dubitare: avere dubbi e sospetti su qualcuno

essere innamorato cotto di...: amare moltissimo una persona

fedele: chi non tradisce la fiducia del partner

fidanzato/a: futuro marito e futura moglie

fiducia: credere nelle parole e nelle azioni di una persona

folle: pazzo

gelosia: sentimento di paura di essere traditi con un'altra persona

geloso: chi ha paura di essere tradito o di perdere il proprio partner

il fiume: un corso d'acqua che spesso nasce su una montagna e arriva al mare

il/la mio/mia migliore amico/a: l'amico/a più caro/a, l'amico/a preferito/a

il ponte: periodo di vacanza dal lavoro o dalla scuola quando uno o più giorni lavorativi si trovano tra due giorni festivi

infedele: chi tradisce la fiducia del partner

innamorarsi: cominciare a provare un sentimento d'amore per qualcuno

invidia: sentimento negativo per la felicità di qualcun altro

invidioso: persona che prova invidia nei confronti di qualcun altro

la relazione: rapporto amoroso tra due persone

litigare: discutere animatamente

nel mio partner cerco...: le qualità che deve avere il mio partner sono...

non avere segreti: non tenere niente nascosto, dire tutto di sé

parliamo di tutto...: parlare di tutti gli argomenti

partner: la persona con cui si ha una relazione

rapporto: relazione di amicizia o amore tra persone

ridere: mostrare di essere molto divertiti da qualcosa o qualcuno; muoviamo le labbra e si vedono i denti

romantico: una persona che esprime il proprio amore attraverso gesti e parole

sincerità: dire ciò che è successo realmente, dire cosa si pensa senza nasconderlo

sorridente: che sorride spesso

stare/uscire con qualcuno: frequentare, avere una relazione con qualcuno

tesoro: cosa o persona che ha molto valore per noi

tradimento: danno fatto di nascosto nei confronti di un'altra persona (*es.* tradire il partner con altri)

vacanza: periodo di relax in cui non si lavora

22 CITTÀ O CAMPAGNA?

abitazione: la casa

affitto: abitare in una casa o in un appartamento e pagare ogni mese dei soldi al proprietario

albero: piante alte con rami e foglie

annuncio: pubblicità per la vendita o l'affitto di una casa o di un appartamento

appartamento: abitazione singola che si trova dentro un palazzo

campo: zona verde usata per coltivare frutta e verdura o come spazio dove possono mangiare gli animali (*es.* le pecore)

cemento: materiale che si usa per la superficie dei muri di una casa o di un palazzo

cittadina/paese: piccola città di provincia

collina: zone verdi molto più basse delle montagne ma più alte della pianura

comodità: che è comodo, confortevole

costruzione/edificio: termine generale per dire una cosa costruita (*es.* casa, palazzo, villa, chiesa)

finestra: aperture di una stanza o di un edificio da dove possiamo guardare fuori

giardino: spazio verde privato intorno a una casa; oppure spazio verde pubblico dove si può andare a passeggiare e giocare

grattacielo: edificio molto alto che supera i quindici piani

il balcone: piccolo spazio fuori dall'appartamento che si vede fuori dai palazzi ed è chiuso da un muro o da una ringhiera

il quartiere: zona di una città

in centro città: essere nel centro storico della città (contr. **in periferia**)

in provincia: fuori dalla città principale

le spese di condominio: le spese che abbiamo quando viviamo in un palazzo (*es.* pulizie, ascensore, elettricità ecc.)

lo smog/l'inquinamento: fumo e nebbia formata dai gas delle auto e delle fabbriche

mutuo: contratto di acquisto a rate di un appartamento o di una casa

orto: piccolo spazio privato usato per coltivare frutta e verdura, spesso vicino la casa

palazzo: edificio a più piani diviso in appartamenti che si trova in città

parcheggio: area dove si può fermare per molto tempo un mezzo come una macchina, un taxi, un autobus ecc.

pianura: zona verde dove non ci sono colline o montagne

rumore: suono fastidioso

rumoroso: che fa molto rumore

stare all'aria aperta: stare fuori casa

traffico: grande quantità di macchine, moto e altri mezzi in strada

tranquillità: calma, pace, silenzio

un appartamento di 75 mq (metri quadrati): un appartamento grande 75 mq

vendita: che si può comprare (*es.* casa/appartamento in vendita)

verde: natura, aree verdi

vicini di casa: che abitano vicino

vicolo/stradina: strada stretta e piccola

villa: casa indipendente di lusso

villetta: piccola villa

23 SPORT

allenamento: tempo dedicato all'esercizio fisico per prepararsi a una gara; oppure l'insieme degli esercizi

automobilismo: sport delle corse in automobile

avversario: la persona o la squadra contro cui si gioca

campione del mondo: il giocatore o la squadra migliore del mondo

campo: spazio dove giocano i giocatori

canestro: dove si mette dentro la palla per fare punto a pallacanestro

coppa: il premio a forma di coppa che si dà in mano a chi vince una gara

disabile: persone che hanno una disabilità fisica

fare canestro/punto: segnare a pallacanestro

fare il tifo: sostenere una squadra o un giocatore con canti, urla e applausi

fare rete/gol: fare un punto, segnare a calcio

gara: competizione, sfida

giocare a calcio/pallacanestro/pallavolo: praticare lo sport del calcio/della pallacanestro/della pallavolo

giocatore/giocatrice: sportivo/a che partecipa a un gioco

il calcio: sport che si gioca in un campo tra due squadre di undici giocatori che devono fare gol

il pilota: chi guida un mezzo con il motore per sport (*es.* pilota di Formula 1)

la corsa: sport dove vince chi corre più velocemente

la pallacanestro: sport che si gioca in un campo tra due squadre di cinque giocatori che devono fare canestro, basket

la pallavolo: sport che si gioca in un campo diviso da una rete tra due squadre di dodici giocatori

medaglia: premio per i vincitori di una gara che si indossa al collo come una collana

palla: oggetto rotondo che rotola e rimbalza; si usa per giocare a pallacanestro e pallavolo

pallone: oggetto rotondo che rotola e rimbalza, si chiama così quello usato nel calcio

partita: gara sportiva tra squadre (*es.* partita di calcio)

pericolo: situazione che può mettere a rischio la vita di qualcuno

porta/rete: dove si mette dentro la palla per fare un punto a hockey e calcio

pugilato: sport dove due giocatori, due pugili, si colpiscono con i pugni, boxe

pugile: giocatore di boxe

segnare: fare un punto o gol

squadra: il gruppo degli atleti (*es.* la squadra di calcio della Roma)

stadio: luogo pubblico in cui si giocano le partite

tifo: sostegno con canti e applausi durante una partita

tifoso: chi sostiene una squadra

tiro: lancio della palla

vincita/vittoria: vincere una gara, una partita

violenza: un'azione non gentile e che provoca un danno

24 IN GIRO PER NEGOZI

acquisti: prodotti comprati

bancarella: banco del mercato all'aperto che vende prodotti

buste: borse dove si mettono gli acquisti

centro commerciale: edificio a più piani dove ci sono molti negozi

cliente: persona che entra in un negozio per comprare

commesso/a: persona che lavora in un negozio e serve i clienti

costoso/caro: che costa molti soldi

economico: che costa poco

fare spese/acquisti: comprare molte cose

gioielleria: luogo dove si comprano i gioielli

guardare le vetrine: guardare i prodotti in vendita senza entrare nei negozi

mercato: luogo dove possiamo comprare frutta, verdura, pesce, carne e anche vestiti all'aperto

"mi può fare uno sconto?": "mi può vendere il prodotto a un prezzo più basso?"

negozio di abbigliamento: luogo dove si comprano i vestiti

negozio di calzature/scarpe: luogo dove si comprano le scarpe

"pago con la carta": espressione per dire che preferisco pagare con una carta di credito o un bancomat

profumeria: luogo dove si comprano profumi, trucchi o altri prodotti di bellezza

saldi: periodo dell'anno in cui si possono comprare i prodotti a un prezzo più basso

scegliere: preferire una cosa rispetto a un'altra

scelta: preferenza di una cosa rispetto a un'altra

sconto: riduzione del prezzo di vendita

spendere: usare i soldi per fare acquisti

spese: comprare dei prodotti

vetrina: i vetri esterni dei negozi dove si possono vedere i prodotti in vendita

25 SPOSTARSI IN CITTÀ

auto privata: automobile di proprietà

bici elettrica: bicicletta che si muove con l'aiuto dell'elettricità

ci metto un'ora per...: il tempo che mi serve per... è un'ora

fare lezioni di guida: imparare a guidare con un istruttore

fare scuola guida: frequentare un corso per imparare a guidare

il guidatore: chi guida un'auto, un autobus

il marciapiede: dove le persone possono camminare a piedi in strada

il motorino: mezzo di trasporto a due ruote che si può guidare dai 16 anni

il pedone: la persona che si muove a piedi

il taxi: macchina che trasporta le persone a pagamento

il tram: mezzo di trasporto pubblico elettrico simile a un piccolo treno

il vigile urbano: il poliziotto che si occupa del rispetto delle regole stradali

in centro: nel centro della città

in periferia: fuori dal centro della città

inquinamento: fumo e nebbia formata dai gas delle auto

la moto: mezzo di trasporto a due ruote che si può guidare dai 18 anni

la patente: documento necessario per guidare una macchina, una moto ecc.

l'assicurazione: ha lo scopo di pagare possibili danni provocati dai guidatori in un incidente

l'autobus: un grande mezzo di trasporto pubblico che può contenere più di 50 persone

macchina/automobile: mezzo di trasporto a quattro ruote

mezzi pubblici: mezzi di trasporto usati da tutti i cittadini, come gli autobus, i tram, la metro ecc.

mobilità: possibilità di spostarsi

monopattino: mezzo di trasporto dove chi lo usa è in piedi e spinge con un piede; può essere anche elettrico

multa: soldi che bisogna pagare quando non si rispettano le regole della strada

noleggio: affitto di una macchina, di un motorino o di una bicicletta ecc.

parcheggiare: fermare l'auto in uno spazio pubblico o privato (*s. m.* **parcheggio**)

piste ciclabili: percorsi dedicati solo alle biciclette

passare con il semaforo rosso: non fermarsi se il semaforo è rosso

prendere una multa: ricevere una multa

rimanere bloccati nel traffico: non potersi muovere a causa del traffico

semaforo: ha le luci verdi, gialle e rosse e regola il traffico

sicurezza: essere al sicuro

strada: dove passano le auto ma anche le persone a piedi

strisce pedonali: strisce dove le persone a piedi devono passare per andare da una parte all'altra della strada

traffico: grande quantità di macchine, moto e altri mezzi in strada

26 VIAGGIANDO

aereo: mezzo di trasporto che vola

aeroporto: dove partono e arrivano gli aerei

agenzia di viaggi: luogo dove si organizzano le vacanze e si acquistano biglietti di viaggio

altezza: ad esempio l'altezza del Monte Biaco è 4809 m

arrivo: la fine del volo o del viaggio in macchina, in nave ecc. (*contr.* **partenza**)

atterraggio: momento in cui l'aereo tocca terra

bagaglio/valigia: dove si mettono gli oggetti e i vestiti quando si viaggia

binari: la strada di ferro dove passa il treno, il tram o la metro

controllo della polizia: dove la polizia controlla i passeggeri in aeroporto

decollo: momento in cui l'aereo si alza da terra

destinazione: luogo di arrivo

ferrovia: l'insieme dei binari dei treni

fila: linea di persone che aspettano in coda

il pilota: chi guida un aereo

il sedile: poltrona del passeggero sul treno o sull'aereo

il vagone: il treno è composto di tanti vagoni e all'interno ci sono persone o merci

la hostess: donna che assiste i passeggeri in aeroporto o in volo

la nave: mezzo che viaggia per mare

la stazione: luogo in cui partono e arrivano i treni

lo stuart: uomo che assiste i passeggeri in aeroporto o in volo

misure di sicurezza: regole da seguire/rispettare per la sicureza di tutti

passare sotto il metal detector: passare il controllo che segnala oggetti in metallo

passeggero: persona che viaggia su un mezzo di trasporto

perdere una nave: non riuscire a salire su una nave

perdere un treno: non riuscire a salire su un treno

perdere un volo: non riuscire a salire su un aereo

ritardo: partenza o arrivo dopo il tempo programmato

treno: mezzo di trasporto che si muove sui binari

un biglietto andata e ritorno per...: un biglietto per andare e tornare da un luogo

visitare: vedere un luogo

27 UNA VITA TRA I BANCHI

alunno-a/studente-ssa: ragazzo/a che studia a scuola o all'università

ansia: forte stress

banco: piccolo tavolo che si trova in classe, uno per ogni studente

biblioteca: luogo pubblico in cui si prendono in prestito i libri

compito: compito per casa o compito in classe (test)

confrontarsi: scambiarsi le idee e le opinioni

dare/fare un esame: sostenere un esame

esame: si fa al termine di un ciclo di studi scolastici o all'università

facoltà: corso di studi all'università (*es.* Facoltà di medicina)

frequento una scuola di lingue: vado in una scuola per imparare le lingue

imparare: studiare qualcosa per conoscere nuove cose

insegnante/docente: chi fa lezione nelle scuole o nelle università

istituto: luogo pubblico o privato per lo studio

lezione a distanza: lezione che si segue on line

lezione in aula: lezione che si segue in classe

mantenersi giovani: tenersi attivi a livello fisico ma anche mentale

massima: frase che contiene una verità che si basa sull'esperienza

materia: discipline che si studiano a scuola (*es.* italiano, matematica, storia)

mi sono laureato/a in...: ho finito l'università di.../ho una laurea in...

preparare un esame: studiare per superare un esame

proposta: idea, suggerimento

selfie: foto fatta a se stessi

so/parlo/conosco l'italiano: uso l'italiano per comunicare

sono al terzo anno di Medicina: studio all'università di medicina da tre anni

vacanza studio: vacanza estiva in cui si studia in un altro paese

28 LA TECNOLOGIA E NOI

avere più follower: avere persone che seguono i contenuti che pubblichiamo sui social network

cliccare: fare clic, aprire un contenuto online

condividere: mettere in comune una cosa con qualcuno su un social network

dati: informazioni

dipendenza: incapacità di stare senza fare qualcosa

fare commenti: scrivere qualcosa sotto un contenuto, commentare

guardare le storie: guardare il nuovo contenuto che qualcuno ha pubblicato tra le proprie storie

il cellulare/lo smartphone: telefonino

il motore di ricerca: pagina web principale utile per fare ricerche

il portatile: pc non fisso, laptop

intelligenza artificiale: intelligenza di un computer

la connessione: collegamento a internet

l'applicazione/l'app: software a pagamento o gratis da scaricare sullo smartphone

leggere un commento: lettura di un commento sotto un post

messaggiare: mandare messaggi

mettere "mi piace"/un like: far sapere a qualcuno che ci piace il suo contenuto

notifica: avviso

postare/fare un post: pubblicare un contenuto, una foto o un testo

pubblicare: mostrare qualcosa a tutti

pubblicare una storia: pubblicare un nuovo contenuto che è possibile vedere per un periodo limitato

schermo: display

seguire influencer: seguire personaggi famosi on line

uso eccessivo: usare spesso qualcosa

29 VACANZE

abbronzarsi: diventare scuri di pelle quando prendiamo il sole

ad agosto: nel mese di agosto

affollato: luogo pieno di persone

al lago: in un luogo vicino a un lago

al mare: in un luogo di mare o in spiaggia

all'estero: in un paese fuori dal proprio paese di origine

alloggio: il luogo dove dormiamo durante la vacanza

campeggio: dormire in tenda, bungalow o roulotte all'aperto

camper: veicole con letto e cucina, dove si può alloggiare per brevi vacanze

c'è molta/troppa gente: ci sono molte/troppe persone

comodità: una cosa comoda che dà confort

costa: zona dove la terra incontra il mare

escursione in/a..: andare in un posto naturale spesso difficile da raggiungere

fare il bagno: nuotare al mare o in piscina

fare una gita: fare un viaggio breve di un giorno

folla: grande quantità di persone

il panorama: vista dall'alto

in estate: nel periodo estivo

in montagna: in una località di montagna

in settimana bianca: una vacanza in montagna, sulla neve per una settimana

in vacanza: nel periodo delle vacanze/ferie

la neve: una pioggia di ghiaccio molto leggera, di colore bianco

l'anno scorso sono stato a/in...: l'anno scorso sono andato a/in...

lettino: letto da spiaggia che possiamo regolare

località: posto, luogo di vacanza

montagna: ad esempio il Monte Bianco

nuotare: muoversi nell'acqua

ombrellone: grande ombrello da spiaggia per proteggersi dal sole

pescare: prendere pesci in mare o nel lago

prendere il sole: sdraiarsi sotto il sole per abbronzarsi

riva: la parte di sabbia o terra vicino all'acqua del mare, di un lago o di un fiume

sabbia: polvere dorata sulla spiaggia

sci: sono lunghi e sottili, si mettono ai piedi per andare sulla neve (*v.* **sciare**)

sdraio: comoda sedia da spiaggia

settimana bianca: settimana di vacanza sulla neve

spiaggia: luogo in riva al mare dove si prende il sole

sport acquatici: sport che si fanno in acqua

sulla spiaggia: in riva al mare, sulla sabbia

sulla neve: in montagna di inverno

telo da mare: asciugamano che si posa sulla sabbia

tranquillità: calma, pace, silenzio

tranquillo: poco affollato, silenzioso

tuta da sci: tuta impermeabile e pesante che si mette per sciare

tenda: casetta di tela in cui si può dormire

villaggio turistico: luogo di vacanza in cui dormire, mangiare e fare molte attività

30 CHE SI FA STASERA?

alcol: una sostanza che si beve molto forte nel gusto e negli effetti che ha sulle persone

alcolico: bevanda che contiene alcol (*ad es.* vino, birra, gin)

ambiente: luogo

analcolico: bevanda che non contiene alcol

andare in/frequentare un locale: trascorrere il tempo in un locale

andare in giro/fare un giro con gli amici: uscire fuori casa in compagnia degli amici

annoiarsi: provare noia perché non si fa qualcosa di interessante

ballare: danzare, muoversi a ritmo di musica

bevanda/cocktail: un drink, una bibita

cenare: mangiare il pasto della sera

discoteca: luogo pubblico chiuso dove si balla

divertirsi: trascorrere il tempo in modo piacevole

etnico: che appartiene a un'altra cultura

fare aperitivo: mangiare qualcosa e bere una bevanda alcolica o analcolica prima di pranzo o cena

fare le ore piccole/fare molto tardi: rientrare a casa molto tardi la sera

giochi di società/da tavolo: giochi in scatola per giocare in compagnia di amici e parenti seduti intorno a un tavolo

il fine settimana: sabato e domenica

il/la barista: uomo o donna che lavora nei bar

il locale: un bar, un pub, un ristorante

il ristorante: locale in cui si può pranzare e cenare mangiando diversi piatti, anche complessi

la recensione: opinione personale, di solito scritta, di chi è andato in un locale o in un ristorante

locale notturno: luogo che si frequenta di notte

non ne posso più di...: non riesco più a fare questa cosa...

organizzarsi per la serata: darsi un appuntamento, programmare cosa si fa nella serata

passaparola: scambiarsi un'informazione da una persona all'altra

passeggiata: camminata che si fa nel tempo libero

restare/rimanere: stare nello stesso luogo, non muoversi

trattoria: locale in cui si può mangiare un pranzo o una cena semplici ed economici

ubriacarsi: bere troppo fino a stare male

uscire in compagnia: uscire/stare fuori con gli amici

31 IN FAMIGLIA

adottare: accogliere nella propria famiglia e crescere un bambino nato in un'altra

adozione: permesso ottenuto per crescere un bambino nato in un'altra famiglia

allattare: dare il latte a un neonato

cerimonia: rito civile o religioso del matrimonio con gli sposi e gli invitati

convivenza: relazione in cui due persone non sono sposate ma vivono insieme

convivere: vivere insieme senza essere sposati

crescere: diventare grande

divorziare: separarsi legalmente davanti a un giudice

divorzio: documento ufficiale che separa una coppia di sposi

educare: crescere un giovane, dargli un'educazione

educazione: regole e insegnamenti che riceve un giovane

figlio unico: figlio che non ha fratelli o sorelle

il genitore: madre o padre

il prete: l'uomo che celebra il matrimonio religioso

in chiesa: sposarsi in un luogo sacro, in chiesa con un prete che celebra il matrimonio

in comune: sposarsi in Municipio, con il sindaco che celebra il matrimonio, o in una sede ufficiale della città

invitati: parenti e amici che partecipano alla cerimonia

la crisi: momento di infelicità che può portare alla fine di una relazione

matrimonio civile: rito civile che si fa in Municipio e unisce legalmente due persone

matrimonio religioso: rito religioso che si fa in chiesa e unisce legalmente due persone

nascita: il momento in cui un neonato inizia a vivere

parenti: familiari come nonni, zii, cugini ecc.

pranzo di nozze: il pranzo che si offre agli invitati a un matrimonio

responsabilità: il rispetto dei doveri e degli impegni

ricordo: la memoria di una persona o di un'esperienza passata non dimenticata

separarsi: quando due sposi vogliono interrompere il loro matrimonio e allontanarsi

separazione: fine dell'unione tra due sposi

sindaco: il primo cittadino di una città

sposarsi: unirsi in matrimonio con un'altra persona

sposo/a: marito/moglie

suoceri: genitori della propria moglie o del proprio marito

testimoni: persone scelte dagli sposi che firmano i document ufficiali del matrimonio

vestito da sposa/o: l'abito di nozze della donna e dell'uomo

32 LAVORARE

ambiente: luogo, contesto di lavoro

annunci di lavoro: offerte di lavoro pubblicate sui giornali e on line

candidarsi per un posto: inviare il CV per un lavoro

candidatura: invio del proprio CV e di una lettera di presentazione per ottenere un lavoro

carriera: percorso lavorativo di una persona

colloquio di lavoro: primo incontro tra chi vuole ottenere il lavoro e la persona o l'azienda che offre il lavoro per capire se il candidato ha le caratteristiche giuste

competenze: capacità, abilità, ciò che si sa fare

direttore/trice: chi dirige/prende le decisioni in un'attività lavorativa

disoccupato: chi non ha un lavoro

disoccupazione: mancanza di posti di lavoro

fare un colloquio di lavoro: presentarsi a un appuntamento per ottenere un lavoro

fatica: sforzo fisico o intellettuale

il/la collega: persona con cui si lavora

impatto economico: effetto che qualcosa ha sull'economia di un paese

impiegato/a: lavoratore dipendente che svolge un lavoro in un ufficio

inviare un CV: mandare il proprio curriculum vitae

la manifestazione: protesta pubblica alla quale partecipano molte persone, si fa per strada o in piazza

la professione: impiego, mestiere, occupazione

lettera di presentazione: lettera in cui ci si presenta per un posto di lavoro

offerta di lavoro: posizione lavorativa libera

orario di lavoro: ore in cui si lavora

privato: attività lavorativa che appartiene a una o più persone e che non dipende dallo Stato o da altri enti pubblici

pubblico: attività lavorativa che dipende dallo Stato o da altri enti pubblici (Poste, Agenzie delle Entrate, Scuole Statali, ecc.)

schermo: la superficie dove compaiono le immagini in un PC, in uno smartphone o in una tv

sciopero: quando i lavoratori non lavorano per protesta o per ottenere qualche diritto in più

scrivania: tavolo per scrivere e lavorare

stanchezza: stato in cui ci sentiamo senza energie

stress: forte stanchezza fisica o mentale

salario/stipendio: denaro che si riceve per il lavoro svolto

telelavoro: lavoro da casa, lavoro che si svolge on line

trovare un buon posto di lavoro: trovare un lavoro soddisfacente

ufficio: stanza in cui si lavora

33 FESTE E TRADIZIONI

a Carnevale: nel periodo prima di Pasqua in cui le persone amano indossare costumi e maschere

a Capodanno: il 31 dicembre

a Natale: il 25 dicembre

a Pasqua: nel periodo della Pasqua

albero di Natale: albero che si decora per Natale con luci e oggetti

aprire i regali: scartare i regali, togliere la carta che avvolge un regalo

credenze religiose: convinzione che ha un'origine religiosa

decorare: rendere qualcosa o un luogo più bello con oggetti e luci

decorazioni: luci e oggetti che si usano per decorare/rendere più bello qualcosa

Epifania: giornata del 6 gennaio che celebra l'arrivo dei Magi

festeggiare: organizzare una festa, celebrare una giornata importante

fuochi d'artificio: effetti rumorosi e luminosi che si fanno esplodere nel cielo di notte in occasioni speciali

il Capodanno: notte del 31 dicembre

il Carnevale: festa durante la quale si partecipa a feste in maschera e sfilate in città

il cenone di Capodanno: cena del 31 dicembre con amici o parenti

il cenone di Natale: cena del 25 dicembre

il Natale: festa cristiana che si celebra il 25 dicembre

la Befana: donna anziana immaginaria che porta le caramelle ai bambini il 6 gennaio

leggenda: racconto di un evento eroico, religioso o storico

miracolo: fatto straordinario attribuito all'intervento divino

regalare: donare, offrire a qualcuno

regali: doni, oggetti regalati

sagra: festa tipica di un paese

scambiarsi gli auguri: dare e ricevere gli auguri

scambiarsi i regali: dare e ricevere un regalo

sopravvivere: continuare a vivere, mettersi in salvo dalla morte

superstizioni: credenze che alcune cose provocano effetti positivi o negativi (*agg.* **superstizioso**)

tradizioni: usi e costumi di una cultura

34 MEDICI E SALUTE

abitudine: routine, cosa che si fa di frequente e nello stesso modo

andare dal medico: avere appuntamento con il dottore per una visita

andare dallo psicologo: avere appuntamento con lo psicologo per una visita

assicurazione sanitaria: assicurazione che copre le spese mediche

avere mal di stomaco: sentire dolore allo stomaco

avere mal di testa: sentire dolore alla testa

autismo: disturbo del comportamento

chirurgia: reparto dell'ospedale dove si trovano le sale operatorie; operazione chirurgica

chirurgia plastica: operazione chirurgica che ricostruisce una parte del corpo umano

chirurgia robotica: operazione chirurgica che viene fatta da macchine

chirurgo: medico che opera i pazienti in sala operatoria

correre: camminare velocemente

corsa: camminata veloce

cura: terapia per guarire da una malattia

curarsi: seguire le indicazioni del medico per guarire

dottore/medico: uomo che cura i pazienti

fare le analisi del sangue: andare in un laboratorio, prendere una piccola quantità di sangue e analizzarla

fare una visita/controllo: andare dal dottore per conoscere il proprio stato di salute

farmacia: luogo dove si comprano le medicine

farmacista: chi lavora in farmacia

il dolore: male, sofferenza fisica

il/la paziente: malato/a

infermiere/a: assiste i pazienti seguendo le indicazioni del medico

ipocondriaco: persona che ha molta paura di avere una malattia

la salute: stato fisico e mentale

malattia: situazione di malessere fisico o psicologico

mascherina: si indossa sul viso per coprire naso e bocca

medicina: scienza che studia le malattie e le cure per guarire i malati

morbillo: malattia che causa febbre e macchie rosse su viso e corpo

operazione/intervento: la fa il chirurgo in sala operatoria

ospedale: luogo dove si curano i malati

prendere medicine: prendere i farmaci prescritti dal medico

pressione alta: la pressione del sangue nelle vene

problema ortopedico: problema che riguarda soprattutto le braccia, le gambe e la schiena

provocare: causare

psicologo: medico che cura la salute mentale dei pazienti

sentirsi in forma: sentirsi bene fisicamente e mentalmente

sistema sanitario: il sistema di un paese che si occupa della salute dei cittadini

stanchezza: sensazione di fatica, di poca energia

studio/ricerca: analisi, sperimentazione

vaccinare: fare li vaccino

vaccino: sostanza che si assume attraverso una puntura per proteggere da alcuni virus

35 TEMPO E AMBIENTE

acqua alta: è un fenomeno tipico di Venezia; il livello dell'acqua del mare si alza e l'acqua copre la città

al centro/al sud pioverà: nelle regioni del centro/del sud ci sarà la pioggia

al nord nevicherà: nelle regioni del Nord ci sarà la neve

caldo: temperatura alta

cambiamento climatico: preoccupante trasformazione del clima

domani sarà sereno...: domani nel cielo non ci saranno nuvole

fonti di energia rinnovabili: energia che proviene dal vento, dal sole, dalla terra e dall'acqua

freddo: temperatura fredda

fuoco: fiamme che bruciano ogni cosa

il bidone: dove si buttano i rifiuti

il canale: corso d'acqua artificiale spesso usato per la navigazione

il clima: condizioni atmosferiche di un luogo

incendio: fuoco senza controllo che distrugge alberi e case

le previsioni: condizioni del tempo nei prossimi giorni

le temperature saranno...: ci saranno ... gradi

maltempo: brutto tempo

marea: movimento dell'acqua del mare

neve: piccoli fiocchi di ghiaccio che scendono dal cielo di colore bianco

nuvoloso: cielo con nuvole

pioggia: gocce di acqua che scendono dal cielo

plastica: materiale artificiale usato per contenere oggetti e cibi

raccolta differenziata: divisione dei rifiuti per il riciclo

riciclare: riutilizzare i materiali

rifiuto: cosa che non serve e gettiamo nella spazzatura

rubinetto: lo strumento da dove esce l'acqua nelle case

sereno: cielo senza nuvole

spreco: ciò che non viene utilizzato

temperatura: calore dell'ambiente

temporale: fenomeno atmosferico con vento, pioggia, tuoni e lampi

tonnellate: migliaia di chilogrammi

variabile: cielo sereno e nuvoloso

venti: forte movimento d'aria

vigili del fuoco/pompieri: uomini che spengono incendi

Note